자연의 마지막 경고,
기후 변화

미래생각발전소 15 자연의 마지막 경고, 기후 변화

초판 1쇄 발행 2019년 7월 15일

글쓴이 김은숙 | **그린이** 이경국
펴낸이 김민지 | **펴낸곳** 미래M&B
등록 1993년 1월 8일(제10-772호)
주소 04030 서울시 마포구 동교로 134 미진빌딩 2층(서교동 464-41)
전화 02-562-1800 | **팩스** 02-562-1885
전자우편 mirae@miraemnb.com | **홈페이지** www.miraei.com
블로그 blog.naver.com/miraeibooks
ISBN 978-89-8394-866-3 74300 | ISBN 978-89-8394-550-1 (세트)
값 14,500원

＊잘못 만들어진 책은 구입처에서 바꾸어 드립니다.
＊이 책은 저작권법에 따라 한국 내에서 보호받는 저작물이므로 무단 전재와 복제를 금합니다.

아이의 미래를 여는 힘, **미래 i 아이** 는 미래M&B가 만든 유아·아동 도서 브랜드입니다.

이 도서의 국립중앙도서관 출판예정도서목록(CIP)은 서지정보유통지원시스템 홈페이지(http://seoji.nl.go.kr)와
국가자료종합목록시스템(http://www.nl.go.kr/kolisnet)에서 이용하실 수 있습니다.(CIP제어번호 : CIP2019023193)

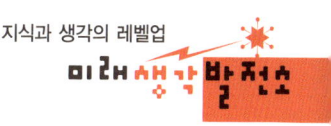

자연의 마지막 경고,
기후 변화

김은숙 글 | 이경국 그림

미래i아이

○ 머리말

　기후 변동의 대재앙을 소재로 한 영화 〈투모로〉는 언젠가 지구가 맞게 될지도 모를 위험을 극적으로 보여 주고 있지요. 지구 온난화에 시달리던 지구 기후가 갑자기 빙하기로 바뀌면서 뉴욕시가 얼음으로 뒤덮이는 모습은 보기만 해도 섬뜩한 공포를 불러일으킨답니다.
　그런데 영화가 보여 주는 공상의 세계가 아닌, 이상 기후 현상들이 하나의 현실로 우리에게 다가오고 있어요. 기후 변화로 인해 오늘날 지구 곳곳에서는 심각한 갈등이 벌어지지요. 변화된 환경에서 살아남기 위한 생존 경쟁이 폭력으로 드러나는 거예요. 환경 전문가들은 21세기가 두 차례의 세계대전을 치른 20세기보다 더욱 폭력성의 시대가 될 거라고 우려하고 있답니다. 북극의 빙하가 녹으면서 노출된 자원을 둘러싼 분쟁, 수자원 분쟁, 강제 이주나 학살, 빈곤 국가에서 계속되는 내전과 끝없는 난민들의 행렬 등이 이미 현실이 되어 가고 있어요.
　이상 기후는 자연재해에 그치지 않아요. 정치, 사회, 문화적 문제를 초래해 기후 변화가 인간의 계급과 종교, 자원 등과 복합적으로 작용하여 인간의 공존을 위협하죠. 하지만 기후 재앙의 가장 큰 원인 제공자인 선진 산업국은 이러한 변화를 가장 미미하게 겪고 있으며 오히려 가장 극

심한 고통을 받는 지역은 가난한 나라들입니다. 환경 변화와 생존 경쟁으로 인한 폭력 때문에 고향을 등진 환경 난민의 숫자는 이미 2억 5000만 명이 넘어요. 30년 후엔, 많게는 현재의 10배에 해당하는 난민이 발생할 것으로 예상되고 있지요. 이와 더불어 기존의 국제 관계가 와해되어, 지구상에 존재하는 대부분의 나라가 영향 받을 수밖에 없답니다.

이 책은 먼저 세계 각 지역별 기후의 특징에 대해 살펴보는 것을 시작으로 기후와 관련된 중요한 이야기를 다루고 있어요. 지구의 기후 변화 속에서 인류 역사는 어떻게 발전해 왔으며, 그리고 기후가 인간 생활에 미치는 여러 가지 영향들을 알아볼 거예요. 또 지구 온난화에 따른 기후 변화의 중요한 원인을 하나하나 짚어 보고 지금 인류가 처해 있는 기후 전쟁의 실태에 대해서 다루게 됩니다. 마지막으로 기후 변화에 대한 국제 사회의 노력과 대응은 어떤 것이 있으며 그 전망이 어떠한지 예측해 보고, 각 산업 분야와 우리 개개인이 지구를 지키기 위해 실천할 수 있는 일을 찾아볼 거예요.

지구 온난화로 인한 기후 변화는 어제 오늘의 일이 아니며 우리 인류가 그 주범이죠. 그렇다면 바로 우리가 그 변화를 막을 수 있는 희망이 될 수 있답니다. 살 터전과 먹이를 잃고 죽어 가는 북극곰의 모습을 보았을 거예요. 그 북극곰의 눈물이 머지않아 우리의 눈물이 될지도 모르는 상황에서 이 책이 기후 변화를 막고 지구를 지키려는 노력을 보다 깊이 되새기는 계기가 되었으면 해요.

―김은숙

차례　　머리말 … 4

Chapter 1 기후 요인과 지역별 기후의 특색

지역마다 왜 기후가 다를까? … 10
생각발전소 지구의 기후에 영향을 미치는 해류 … 14
세계 각 지역별 기후대의 구분과 특징 … 16
　열대 기후 | 건조 기후 | 온대 기후 | 냉대 기후 | 한대 기후 | 고산 기후

Chapter 2 역사 속 지구의 기후 변화

빙하 시대 – 빙기와 간빙기 … 34
중세 온난기는 축복인가 … 37
기후가 역사를 만들었다 … 41
이상 기후는 왜 일어날까? … 46
생각발전소 타이타닉 호의 침몰과 엘니뇨 … 48

Chapter 3 기후와 생활, 음식, 문화

기후에 따른 의식주 생활 … 54
기후와 산업 … 58
기후와 국민성 … 61
생각발전소 기후 변화로 사라질 음식 10가지 … 64

Chapter 4 온난화와 지구 환경

기후 변화의 주원인은 인간 활동 … 70
생각발전소 지구의 평균 온도가 계속 올라간다면 어떻게 될까? … 74
맹그로브 숲과 지구 온난화 … 76
지구 온난화, 사막화, 황사 … 79
생각발전소 중국의 황사를 막을 방법은? … 82

Chapter 5 기후 전쟁, 기후가 변하면 전쟁을 부른다

기후 변화로 인한 기후 난민 발생 … 88
    투발루와 키리바시의 해수면 상승 | 방글라데시의 이상 홍수
사막화와 지역 분쟁 … 94
기후 변화와 불평등, 그리고 테러리즘 … 96
난민을 막기 위한 선진국의 안보 강화 … 100
생각발전소 기후 변화가 자원 분쟁을 불렀다 … 102

Chapter 6 기후 변화에 따른 대응과 미래의 약속

국제 사회가 힘을 모으다, 기후 변화 협약 … 106
온실가스를 줄이자, 교토 의정서 … 109
생각발전소 북극곰의 눈물은 우리 인류의 눈물 … 112
모두가 동참하다, 파리 기후 변화 협약 … 114
신기후 체제와 4차 산업 혁명 … 118
산업 분야에서 기후 변화 속도 늦추기 … 122
생각발전소 기후와 관련된 미래 직업들 … 126

Chapter 1
기후 요인과 지역별 기후의 특색

지역마다 왜 기후가 다를까?

바람, 구름, 눈, 비 등 대기에서 일어나는 모든 현상을 '기상'이라고 해요. 그런데 기상을 표현하는 말인 날씨와 기후는 어떻게 다를까요? 날씨는 하루의 기상 상태를 나타내는 말로 '일기'라고도 하지요. 일기 예보를 전할 때, "오늘의 날씨를 알아보겠습니다."라고 얘기하잖아요. 기후는 어떤 지역에서 일정한 기간 동안 날씨 변화를 관찰하여 평균을 낸 것이에요. 다시 말해 한 지역의 평균 기상 상태를 가리킨답니다. 예를 들어, 사하라 사막의 기후는 비가 없고 건조하다고 하는데 강수량이 적고 건조한 날이 많다는 뜻이지요.

그런데 왜 지역마다 기후가 다를까요? 일 년 내내 덥거나 추운 곳도 있고, 사계절이 뚜렷해 살기 알맞은 곳도 있지요. 햇볕은 뜨거운데 비가 거의 오지 않거나, 겨울은 길고 추우며 여름은 짧고 더운 곳도 있어요. 지역마다 기후가 다른 데는 여러 가지 이유가 있지요.

지구의 기후는 쉽게 설명하면, 태양에서 오는 태양 복사 에너지와 이를 받아 더워진 지구가 내뿜는 지구 복사 에너지가 서로 균형을 이루면서 결정돼요. 여기서 좀 더 자세하게 기후를 구성하는 요

소와 여기에 영향을 미쳐 변화하게 만드는 기후 요인에 대해 알아보기로 해요.

  기후 요소란 지구를 구성하고 있는 대기의 여러 현상을 가리켜요. 기온, 강수량, 바람, 습도, 구름의 양, 햇빛의 양 등이 있으며, 이 중에 기온, 강수량, 바람을 기후의 3요소라고 한답니다. 이러한 기후 요소에 영향을 미쳐 기후를 변화하게 만드는 원인이 기후 요인이지요. 위도, 지형, 해류, 격해도, 해발 고도, 수륙 분포, 식물 피복 등등 아주 다양한 요인이 있어요.

  예를 들면, 위도에 따라 태양의 입사각이 달라지는데, 어떤 위치에서 태양열을 얼마나 받는지가 중요해요. 태양에서 가장 가까운 적도 부근은 태양열을 많이 받아서 무척 덥고, 북극이나 남극은 태양에서 멀어서 태양열을 적게 받기 때문에 추운 날씨가 계속되는 거예요. 해발 고도는 저지대와 고지대에서 100미터마다 섭씨 0.5도 정도의 온도 차이를 발생시키는 원인이 되고요. 육지의 어느 지점이 해양으로부터 떨어져 있는 정도를 나타내는 격해도와 바다와 육지의 분포 상태를 나타내는 수륙 분포는 지역마다 기온의 차이를 만들어 내 해풍, 육풍 및 계절풍 발생의 원인이 된답니다. 식물 피복은 일정한 지역을 식물이 덮고 있는 상태를 가리키는데, 이 또한 중요한 기후 요인이에요.

또한 지리적 위치는 대륙 동안 기후와 대륙 서안 기후 차이를 발생시키는 원인이 되며, 난류와 한류는 등온선을 불규칙하게 만들어요. 이처럼 지구는 이러한 기후 요소와 기후 요인이 합쳐져 지역별로 각각 다른 기후가 나타나며 동시에 일정한 기후형이 만들어진답니다.

지구의 기후에 영향을 미치는 해류

인공위성에서 보면 북대서양 그린란드 앞바다의 바닷물이 화장실 변기 물처럼 소용돌이를 일으키며 해저로 빨려 들어가는 현상을 발견할 수 있다고 해요. 지름이 최대 16킬로미터에 이를 정도로 소용돌이의 규모가 어마어마하답니다.

이 소용돌이는 미국 동남부 멕시코 만에서 출발한 '멕시코 만류'가 그린란드 앞바다에서 차가워지고 염분량이 많아져 바닷속 깊이 가라앉는 현상이에요. 가라앉은 물은 밀도가 높아서 주변 바닷물과 섞이지 못하고 심해에서 거대한 물줄기를 형성하면서 남쪽으로 이동하지요. 이 심해 물줄기는 남아프리카와 인도양을 거쳐 태평양에 이르러 서서히 상승하면서 없어져요.

물이 빠져나간 만큼 대서양 북쪽의 수위는 낮아지고, 이를 메우기 위해 따뜻한 멕시코 만류가 북극을 향해 밀려가요. 이렇게 대서양의 북쪽 끝에서 태평양 한가운데까지 이어지는 거대한 바닷물의 흐름이 생겨나지요. 이러한 바닷물의 순환은 밀도 차이에 의해 생겨나는데, 밀도를 변화시키는 주원인이 온도와 염분이므로 이를 열염 순환이라고 해요. 과학자들은 이를 '거대한 컨베이어벨트'라고 불러요. 이 컨베이어벨트는 움직이는 속도가 매우 느려요. 과학자들은 심해수에 녹아 있는 방사능 동위원소 탄소 14의 분포를 연구하며 한 번의 순환을 마치는 데 무려 1000~1500년이라는 시간이 걸린다는 것을 알아냈어요. 이렇게 느린 순환이 지구 기후를 결정 짓는 매우 중요한 요인의 하나라는 사실이 최근 밝혀졌답니다.

멕시코 만류는 북미와 유럽 대륙을 데우는 난방 보일러인 셈이에요. 유럽의 기온은 멕시코 만류 덕분에 같은 위도의 다른 지역에 비해 섭씨 5~10도 정도 높답니다. 북위 51도에 위치하는 영국 런던은 위도 상으로는 알래스카 남부와 비슷하지만 기온은 북위 37도에 위치한 서울보다도 기온이 온화해요. 멕시코 만류라는 보일러가 작동을 멈추면 이 유럽 대륙은 물론 북아메리카와 아시아 대륙이 눈과 얼음으로 뒤덮인 동토로 변하게 된다고 해요.

세계 각 지역별 기후대의 구분과 특징

우리가 사는 지구는 지역마다 기후가 달라요. 우리나라의 경우 남부 지방은 온대 기후를 보이지만 서울을 비롯한 중부 일부 지역은 냉대 기후에 속하지요. 반면에 서로 멀리 떨어져 있는 지역인데도 비슷한 기후를 보이기도 해요. 기후형은 비슷한 특성을 보이는 지구의 기후를 유형별로 구분한 것이에요. 오늘날 널리 사용되고 있는 기후 구분은 독일의 기상학자인 쾨펜이 처음 고안했어요. 쾨펜은 어떤 장소에 분포하는 식물 집단, 즉 식생이 그 지역의 기온 및 강수량과 깊은 관련이 있을 것으로 가정하고 이를 기준으로 세계의 기후를 구분했답니다.

쾨펜은 위도에 따라 저위도와 고위도에 각각 한 가지 기후형, 중위도에 두 가지 기후형을 정하고, 건조 기후형을 추가하여 총 5가지 기후형을 만들었어요. 바로 열대 기후, 건조 기후, 온대 기후, 냉대 기후, 한대 기후지요. 쾨펜의 기후 구분 방법은 이후 여러 차례에 걸쳐 수정되고 보완되었고, 현재는 지리학자 트레와다에 의해 고산 기후가 추가되어 크게 6가지 기후형으로 분류되고 있어요.

세계의 기후는 대체로 적도에서 극으로 갈수록 대체로 열대-건조-온

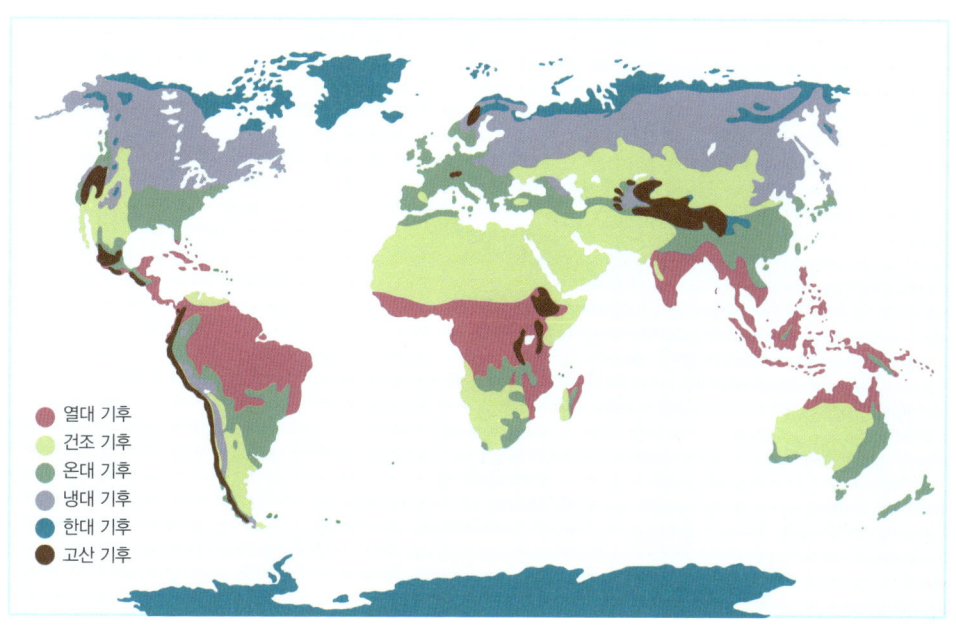

대-냉대-한대-고산 기후형을 보여요. 적도를 기준으로 북반구와 남반구의 기후 분포는 대략 대칭을 이루지만, 남반구에는 냉대 기후형이 없답니다. 또 세계적으로 높은 산이 위치한 지역에서는 고산 기후형이 나타나요. 이제부터 6가지 기후형 각각의 특징과 좀 더 세분화된 기후 형태에 대해 구체적으로 살펴보기로 해요.

열대 기후

열대 기후는 적도를 중심으로 북위 23.3도~남위 23.3도에 걸친 지역에서 나타나요. 이 지역은 1년 중에서 월평균 기온이 가장 낮은 최한월의 평균 기온이 18도 이상이랍니다. 일 년 내내 태양의 고도가 높아 기온이 높고 기온의 연교차가 작아요. 연평균 강수량이 2500밀리미

터 이상인 지방도 많지요. 열대 기후 지역은 기온의 지역적 차이보다 강수의 지역적 차이가 훨씬 뚜렷해요. 따라서 열대 기후 지역은 강수량과 강수의 계절적 분포에 따라 열대 우림 기후, 사바나 기후, 열대 몬순 기후로 나뉘어요.

열대 우림 기후는 일 년 내내 많은 비가 내려요. 매일 오후가 되면 강풍, 천둥 번개 등을 동반하는 열대성 스콜의 영향으로 일시적인 호우가 내리며, 월 강수량이 최소 60밀리미터 이상이지요. 열대 우림 기후 지역의 연 강수량은 보통 2000밀리미터 이상이며, 지역에 따라서는 이보다 더 많은 비가 내리기도 해요. 열대 우림 기후는 남아메리카의 아마존 분지, 아프리카의 콩고 분지, 동남아시아의 여러 섬 등지에서 나타나요.

사바나 기후는 건기와 우기의 구분이 뚜렷하며, 연 강수량은 보통 900~1800밀리미터 정도예요. 건기에는 아열대 고압대의 영향을 받아 맑은 날씨가 이어지지만, 우기에는 적도 수렴대의 영향을 받아 많은 비가 내린답니다. 사바나 기후는 열대 우림 기후와 열대 몬순 기후의 주변 지역에 나타나며, 아프리카, 중앙아메리카, 남아메리카, 남부 아시아, 오스트레일리아 북부 등지에 분포해요.

열대 몬순 기후는 열대 우림 기후와 사바나 기후의 중간 형태예요. 여름에는 고온 다습한 계절풍의 영향으로 많은 비가 내리며 이어 짧은 건기를 보이지요. 열대 몬순 기후는 인도 남서 해안 및 동북부 해안, 동남아시아, 아프리카 기니만 주변, 남아메리카 북동부 등지에 나타나요.

건조 기후

 기후가 건조한 지역으로 연 강수량이 500밀리미터 이하예요. 비가 적기 때문에 나무가 자라지 못하는 황무지가 대부분이지요. 건조 기후에 속하는 지역은 지구 전체 육지의 약 30퍼센트를 차지해요. 건조 기후는 강수량에 따라 스텝 기후와 사막 기후로 나뉘어요.

 스텝 기후는 사막 주변을 둘러싸고 있는 반건조 기후예요. 연 강수량은 250~500밀리미터로 사막 기후보다는 많아요. 스텝이란 키가 작은 풀로 이

루어진 건조 지역의 초원을 가리키는데, 북아메리카의 프레리, 아르헨티나의 팜파스, 러시아의 흑토 지대를 들 수 있어요. 몽골에서는 스텝 지역이 유목에 이용되며, 미국의 그레이트플레인스에서는 소의 방목과 대규모의 밀농사가 이루어지고 있어요. 우크라이나에서 중앙아시아에 이르는 스텝 지역은 토양이 비옥해 세계적인 곡창지대로 알려져 있답니다.

사막 기후는 대개 연 강수량이 250밀리미터 미만이며, 그것도 한두 차례 폭우가 쏟아지는 게 전부입니다. 맑고 습도가 낮으며, 식물이 거의 자라지 않고 일교차가 매우 크지요. 사하라 사막, 아라비아 사막, 타클라마칸 사막, 고비 사막, 나미브 사막 등이 대표적인 사막 기후 지역이에요. 사막에서 도시는 주로 물이 고여 있는 오아시스 주변에 형성되며, 관개용수를 끌어와 관개 농업이 이루어지기도 해요. 두바이, 카이로, 중국 바오터우는 사막 기후를 보이는 도시예요.

온대 기후

온대 기후는 위도 30~60도 사이에 위치한 중위도 지방의 기후로 사계절의 구분이 뚜렷하다는 것이 특징입니다. 최한월 평균 기온은 섭씨 영하 3도에서 영상 18도 사이로, 열대 기후와 냉대 기후의 중간에 해당돼요. 연 강수량은 500밀리미터 이상이며 아열대 고압대와 저압대 사이에 위치해요. 바람과 해류, 수륙 분포의 차이가 커서 다양한 기후 특성을 나타낸답니다. 온대 기후 지역에는 고위도 지방에서 발생한 한대 기단과 저위도 지방에서 발생한 열대 기단이 자주 지나가기 때문에 일기의 변화

가 심해요.

 온대 기후는 기온이 온화하고 습윤하여 식물 성장에 적합해요. 낙엽수와 한해살이풀이 매년 일정량의 유기물을 공급해 주어 토양이 비옥하지요. 고위도나 저위도에 비해 지나치게 춥거나 덥지 않아 살기가 좋아 인구가 밀집돼 있는데, 뉴욕, 런던, 도쿄, 파리 등 상공업이 발달한 대도시 등이 온대 기후에 속해요. 온대 기후는 계절별 강수량 분포에 따라 연중 고르게 비가 내리는 서안 해양성 기후와 강수량이 여름철에 집중되는 온대 계절풍 기후, 그리고 강수량이 겨울철에 집중되는 지중해성 기후로 나뉘어요.

 서안 해양성 기후는 남위와 북위 40~60도에 걸쳐 분포해요. 북반구에서는 대륙 서안인 중서부 유럽과 북아메리카의 서안 지역이 서안 해양성 기후를 보이지요. 그리고 남반구에서는 대륙의 동안인 아프리카 남동부, 남아메리카 남단 등지에서 나타나요. 이 기후는 연중 따뜻하고 습한 해양을 지나는 편

서풍의 영향을 받아 같은 위도대의 다른 지역에 비하여 온난 습윤하며 기온과 강수량의 연교차가 작아요. 여름은 선선하고 겨울은 온화하기 때문에 일찍부터 낙농업이 발달했어요.

온대 계절풍 기후는 중위도 대륙 동안에서 나타나는 기후예요. 계절풍의 영향 때문에 기온과 강수량의 연교차가 커요. 여름철에는 기온이 높고 강수량이 많은 편이며, 겨울철에도 대체로 온화한 편이지만 찬 대륙성 기단의 영향으로 한파가 몰려오기도 하죠. 온대 계절풍 기후는 위도에 따라 식생 분포가 다르며, 저위도 가까이에서는 상록 활엽수가 자라고, 고위도에 가까운 지역에서는 낙엽 활엽수가 자랍니다. 우리나라의 남부 지방이 이 기후에 해당돼요.

온대 계절풍 기후는 세분하여 온난 습윤 기후와 온대 동계 건조 기후로 나눌 수 있어요. 중국 동부와 일본 남부, 호주 동해안 등 위도 25~40도에 걸쳐진 대륙 동안 지역의 온난 습윤 기후는 사계절이 비교적 뚜렷하며 일 년 내내 비가 고르게 내리죠. 여름에는 뜨겁고 무더우며, 천둥과 번개를 동반한 비가 잦아요. 온난 습윤 기후 지역의 위도가 높은 곳에서는 서리가 자주 내리며 가을에는 게릴라성 폭우, 겨울에는 눈이 많이 내려요. 그리고 온대 동계 건조 기후는 위도 20~30도에 걸쳐진 대륙 동안 지역인 중국 남부와 인도 지역에서 나타나요 여름에 비가 많이 내리며, 이러한 기후 특징을 이용하여 대륙 동안의 온대 기후 지역에서는 여름이 고온 다습한 계절풍의 영향으로 벼의 재배가 활발하게 이루어지고 있어요.

지중해성 기후는 남위와 북위 30~40도의 대륙 서안에서 나타나는 기후예요. 그리스, 이탈리아 등 지중해 연안이나 미국의 캘리포니아 일대,

칠레 중부, 호주 남서부 등 일부 지역이 여기에 속하지요. 우리나라와 비슷한 위도 대에 위치하지만 우리나라의 기후와는 정반대로 비가 겨울에 집중되고, 여름에 건조한 것이 특징이랍니다. 아열대 고압대에 속하기 때문에 여름에는 무덥고 건조하며, 겨울에는 해양성 기단의 영향을 받아 따뜻하고 비가 자주 내려요. 그래서 여름철에는 잎이 작고 단단하며 땅 속 깊이 뿌리를 내려 수분을 빨아들일 수 있는 코르크참나무, 올리브, 무화과 등을 가꾸며, 겨울철에는 주로 밀농사와 채소 재배를 해요.

냉대 기후

냉대 기후는 온대 기후와 한대 기후의 중간적 성격을 띠며, 위도 35~60도에 걸쳐 분포해요. 북반구의 지형과 달리 남반구에는 이 위도에 해당하는 지역에 육지가 거의 없어 냉대 기후가 없답니다. 최난월 평균 기온은 섭씨 10도를 넘어가지만 최한월 평균기온은 섭씨 영하 3도 미만이어서 기온의 연교차가 크지요. 미국 북동부 지역과 우리나라 서울 및 중부 지방 일부, 시베리아 일부 지역 등이 냉대 기후에 속해요. 물론 우리나라

의 남부 지방은 온대 기후지요. 냉대 기후는 냉대 습윤 기후와 냉대 겨울 건조 기후로 나뉘어요.

냉대 습윤 기후는 대륙성 습윤 기후라고도 해요. 여름이 덥고 짧으며 겨울은 무척 춥고 길지요. 중국 선양, 하얼빈, 목단강 등과 시베리아, 캐나다, 알래스카 지역이 이 기후대에 속해요. 일부 지역에서는 밭농사도 가능하지만 울창한 냉대 침엽수림이 넓게 분포돼 있답니다.

냉대 겨울 건조 기후는 여름은 무덥고 건조하거나 소나기가 자주 내리며 겨울은 춥고 사막 지역처럼 건조하지요. 또한 연교차가 가장 큰 지역이에요. 중국 베이징, 허베이 성 등 중국 북동부 지역에서 시베리아 동부 지역에 걸쳐서 이 기후대가 나타납니다.

한대 기후

한대 기후는 고위도 지역에서 극지방까지 분포해요. 여름은 짧고 서늘하며 겨울은 매우 길고 추워요. 일교차는 작지만 연교차가 매우 크답니다. 얼음에 덮여 있는 곳이 많고, 최난월 평균 기온이 섭씨 10도 미

백야현상

고위도(약 48도 이상) 지방에서는 태양이 지평선 아래로 내려가지 않아 밤이 되어도 어두워지지 않는데, 이를 백야 현상이라고 한다. 백야 현상은 북반구에서는 하지 무렵에, 남반구에서는 동지 무렵에 나타난다. 백야 기간은 고위도로 갈수록 길어져 양극에서는 6개월간 지속된다. 반대로 극지방에서 겨울철에 해가 뜨지 않고 밤이 지속되는 현상을 극야라고 한다.

만이라 식물이 자라기 힘들지요. 한대 기후는 툰드라 기후와 빙설 기후로 나뉘어요.

<u>툰드라 기후</u>는 툰드라 지대로 불리는 북반구 러시아 시베리아에서 나타나는 기후예요. 남위와 북위 60~75도 지역에 분포하며 나무 성장의 한계 지점이어서 작은 풀과 이끼류 등만 자라는 지역이지요. 겨울은 길고 추우며 여름은 짧고 영상 기온이 되는 동안 땅이 녹는답니다. 일 년 중에서 3개월 정도는 얼어 있던 지표면이 녹기 때문에 건물이 붕괴할 위험이 있어 대부분 영구 동토층 위에 집을 짓지요. 연평균 강수량은 250밀리미터 이하로 주로 여름철에 많이 내려요. 하지만 기온이 낮아 증발량이 적으므로 건조 기후가 나타나지는 않는답니다.

북극은 지구의 기후를 만들어 내는 곳

북극은 지구의 기상, 기후, 해류 순환 등 지구 환경 변화에 중요한 역할을 한다. 북극은 남극과 마찬가지로 지구에서 인간 활동의 영향이 거의 미치지 않았던 곳이다. 그래서 작은 환경 변화에도 쉽게 영향을 받는다. 반대로 북극에서 일어나는 변화가 지구 전체에 중대한 영향을 미쳐 북극은 '지구의 기후를 만들어 내는 곳'으로 불린다.

그런데 환경오염으로 남극에 이어 북극 성층권을 감싸고 있는 오존층도 파괴되고 있다. 이 때문에 북반구 지역에 자외선 노출이 증가되고 기온이 점차 올라서 해빙과 빙하가 해마다 빠르게 녹고 있다. 1970년대부터 인공위성을 통해 관측된 북극 바다의 해빙은 10년마다 3퍼센트씩 줄어들고 있고, 얼음의 두께는 지난 수십 년 동안 40퍼센트가 얇아졌다고 한다. 지금 같은 상태가 계속된다면 앞으로 약 100년 안에 북극에서 얼음이 완전히 사라질 수 있다는 연구 결과도 나와 있다. 지구 온난화는 북극의 눈과 얼음의 양에 변화를 가져오기 때문에 태양 에너지의 흡수와 반사에 영향을 주어 곧 기후에 심각한 영향을 미치게 된다. 게다가 주변 툰드라 지역의 기온이 올라가면 이곳 토양 속에 묻혀 있는 메테인 가스가 나오면서 지구 온난화는 더욱 빨라지게 될 것이다.

빙설 기후는 북극모자 기후라고도 해요. 말 그대로 얼음 지대죠. 툰드라 기후보다 더 고위도 지방에서 나타나요. 월평균 온도가 섭씨 0도 미만이며, 그린란드와 남극 대륙 대부분의 지역이 빙설 기후에 해당해요. 눈은 북극에서 많이 내리고 남극에서는 안 내려요. 기온이 매우 낮아 지표면이 항상 얼음이나 눈으로 덮여 있어 식물은 전혀 자랄 수 없답니다. 남극의 기상 관측소의 기록에 의하면 섭씨 영하 88도까지 내려간 적이 있다고 해요.

고산 기후

해발 2000미터 이상의 산악으로 이루어진 고산 지대에서 나타나는 기후예요. 기후형이 보통 위도를 기준으로 분류된다면 고산 기후는 해발고도가 중요한 기준이 돼요. 대류권에서는 고도가 1킬로미터 높아질 때마다 평균 섭씨 6.5도씩 기온이 낮아져요. 따라서 같은 위도라 할지라도 고산 지역은 평지와 다른 기후가 나타난답니다. 히말라야, 안데스, 알프스, 로키 산맥이 있는 지역이 고산 기후에 속해요. 고산 기후는 저위도 고산 기후와 중위도 고산 기후로 나눌 수 있어요.

언제나 봄, 상춘 기후란?

상춘 기후는 말 그대로 봄 날씨처럼 항상 온화하고 선선한 기후이다. 높은 산은 춥고 사람이 살기 어렵다고 생각하기 쉽다. 물론 중위도 지역의 높은 산은 온도가 낮아 사람이 살기가 힘들다. 적도의 경우 평지는 너무 더워서 살기 힘들지만 산으로 올라가면 일 년 내내 선선한 봄 날씨를 나타낸다. 이러한 기후를 항상 봄 같은 기후라 하여 상춘(常春) 기후라고 한다.

적도 부근의 저위도 지역은 기온이 너무 높아 사람이 살기 힘들지요. 그러나 저위도의 해발 고도가 높은 산지는 연중 평균 기온이 섭씨 15도 정도여서 항상 봄과 같은 온화한 기후를 보이기 때문에 사람이 살기에 적당해요. 따라서 옛날부터 **저위도의 고산 지역**은 잉카 문명, 아스테카 문명의 발상지가 되었으며, 현재에도 키토, 멕시코시티, 라파스 등의 고산 도시가 발달했어요. 고산 지역은 공기가 희박하기 때문에 이곳의 주민들

은 혈액 속의 산소를 원활하게 공급하기 위하여 보통 사람보다 많은 적혈구를 가지고 있고, 강한 자외선 때문에 피부색이 검붉은 게 특징이에요. 반면 히말라야 등 중위도의 고산 지역은 기온이 너무 낮아서 일부 지역을 제외하고는 사람이 살기에 적합하지 않아요.

Chapter 2

역사 속 지구의 기후 변화

빙하 시대 – 빙기와 간빙기

지구상에 생명체가 등장한 것은 대략 37억 년 전이에요. 그때는 지구의 평균 기온이 지금보다 섭씨 10도 정도 더 높았지요. 이어 지구에는 빙하 시대가 찾아와요. 지구 전체가 한랭한 기후가 되어 고위도나 산악지대에 빙하가 넓게 분포했던 시대예요. 빙하 시대라고 해서 꽁꽁 얼어붙을 정도의 추위가 계속된 것만은 아니에요. 지구에는 네

차례의 빙기와 각각의 빙기 사이에 세 번의 간빙기가 있었답니다. 간빙기는 빙기와 빙기 사이에 기온이 상승하는 시기를 말하지요. 이 간빙기 때에는 대체로 기온이 온화해서 다양한 식물과 동물 종이 생겨났어요.

그런데 빙하 시대에 수만 년의 사이를 두고 빙기와 간빙기의 교대가 일어난 것은 어떠한 작용에 의한 것일까요? 많은 학자들이 이에 대해 여러 가지 이론을 내놓았는데, 현재 가장 정확한 것으로 여겨지는 이론을 제시한 사람은 유고슬라비아의 수학자 밀란코비치예요. 밀란코비치는 1920년, '태양 복사로 생기는 열 현상에 관한 수학 이론'이라는 제목의 논문에서 빙기와 간빙기가 교대로 일어나는 원인이 천문학적 변동 때문이라고 주장했어요.

밀란코비치는 지구에 도달하는 태양의 일사량을 과거로 거슬러 올라가 계산했어요. 제1차 세계대전 때 밀란코비치는 오스트리아와 헝가리 연합군의 포로가 되었는데, 포로수용소 안에서도 자신의 이론을 완성하기 위

해 계산을 계속했다고 해요. 이 자료를 바탕으로 수만 년에 걸쳐 지구 궤도의 형태나 지축의 기울기가 변하면서 그것이 지구상에 입사하는 일사량에 변화를 일으켰다는 것이지요.

마지막 빙기가 끝난 이후 지구 전체에 광범위하게 온난화가 나타나요. 이 시기에는 해수면이 90~120미터나 상승하고 유라시아 대륙에서는 숲이 급속하게 늘어납니다. 또한 빙하가 녹아 아시아와 아메리카를 이어 주던 베링 평원이 가라앉으면서 알래스카와 시베리아를 잇는 길이 막히고, 북아메리카, 스칸디나비아, 알프스의 빙상이 빠른 속도로 감소하게 돼요. 이러한 엄청난 환경 변화로 인류의 생활방식도 변화를 맞습니다. 그동안의 수렵과 채집 위주의 사회에서 농경과 가축 사육 등을 통해 식량을 생산하는 사회로 바뀐 것이지요.

신생대의 마지막 빙기가 끝난 1만 년 전부터 현재까지의 기간을 후빙기라고 불러요. 이 후빙기에 대한 연구는 불확실한 미래의 기후를 예측하는 기초가 되지요. 후빙기는 대체로 온난한 편이었지만, 몇 차례의 추운 시기와 따뜻한 시기가 번갈아 나타났고, 중세 온난기와 근세 소빙기를 거쳐 오늘날의 기후에 이르렀답니다.

> **tip**
> **지구에 다시 빙하기가 찾아올까?**
>
> 지구의 역사를 연구한 과학자들에 따르면 신생대 4기 이후 지구는 수만 년부터 10만 년 가량을 주기로 빙하기와 간빙기를 반복해 왔다고 한다. 빙하기가 끝나면서 지구는 기온이 상승하는 짧은 간빙기가 이어진다. 간빙기는 1만 5천 년에서 2만 년간 지속된다. 이후 지구는 빙하기를 맞아 다시 수만 년의 깊은 겨울잠에 빠진다.
> 이 빙하주기설에 의하면 최근의 대빙하기가 끝나고 간빙기가 시작된 지 1만 5천 년이 흘러 지구는 현재 간빙기의 끝부분에 이르렀다고 한다. 빙하기는 지구 온난화가 최고조에 이른 어느 날 갑자기 찾아온다는 것이다.

중세 온난기는 축복인가

약 10~13세기 무렵 유럽 지역은 평균 기온보다 따뜻했어요. 중세와 시기적으로 거의 비슷해서 이때를 '중세 온난기'라고 부르지요. 기후 역사학자들에 따르면 중세 온난기는 현재의 기온보다도 더 따뜻했다고 해요.

따뜻한 날씨 덕분에 농작물의 성장기가 길어지고 새로운 작물의 재배도 가능해져요. 숲을 개간하여 농경지를 늘리게 되자 새롭게 마을이 형성되면서 농업 생산량이 증가하죠. 이어 새로운 농경 방식과 농업 기술이 발달하여 농업 혁명을 이루게 됩니다. 그동안 날씨가 추워 포도를 재배하지 않았던 영국에서도 포도 재배가 활발해졌어요. 영국의 고급 포도주 맛에 푹 빠진 프랑스 영주들이 영국산 포도주를 수입하는 게 유행이었답니다. 심지어 독일 동부 지역과 노르웨이 남부에서도 포도가 생산되었어요.

중세 온난기는 또한 바이킹의 영토 확장이 시작된 시기이기도 해요. 따뜻한 날씨가 계속되면서 아이슬란드와 그린란드의 바다에 떠다니는 얼음덩이가 사라지자 바이킹은 아이슬란드와 그린란드, 그리고 북아메리카

대륙까지 진출했어요. '녹색의 땅'이라는 뜻의 그린란드는 원래 얼음에 뒤덮인 곳이었는데, 많은 사람들을 끌어들이려고 이런 이름을 붙이기도 했지만 바이킹이 도착했을 때 푸른 초원에 숲이 우거져 있었다고 해요. 따뜻한 기후 덕분에 바이킹이 정복한 아이슬란드와 그린란드에서는 농사와 목축업이 활발해져 크게 번영을 이루었어요.

tip
하지 때 핀 사과꽃의 비밀

영국 고전문학 중의 하나인 제인 오스틴의 『에마』라는 작품을 보면 하지에 가까운 어느 날 사과 과수원에 꽃이 만발했다는 대목이 나온다. 보통 사과꽃은 5월에 피어 여름이 오기 전에 지기 마련인데, 하지 무렵에 핀 사과꽃 이야기는 사람들에게 미스터리가 되었다. 오스틴이 『에마』를 썼던 1814~1815년 당시에는 과연 늦게 꽃을 피우는 사과 품종이 있었을까? 1300년부터 1850년까지는 소빙기라 불리는 한랭한 시기였다. 그리고 1815년을 전후하여 세계 곳곳에서 화산 폭발이 이어져 더욱 기온이 한랭해졌다. 1812년에는 카리브해와 인도네시아, 1813년에는 일본, 그 이듬해인 1814년에는 필리핀의 화산 폭발이 있었기 때문이다. 또한 오스틴이 『에마』를 완성한 1815년에는 위력이 원자폭탄의 1만 3천 배나 되는 인도네시아의 탐보라 화산이 폭발했다. 이렇게 대규모의 화산 폭발이 일어나면 미세한 입자가 대기로 퍼져 나가 햇빛을 막기 때문에 이상 저온 현상이 발생한다. 따라서 오스틴이 묘사한 하지 무렵에 개화한 사과꽃은 당시의 저온 현상으로 인해 늦게 개화한 것으로, 작가의 실수가 아닌 정확한 사실로 입증되었다고 한다.

온난기의 따뜻한 기후는 중세 사람들에게는 큰 축복이었어요. 풍성한 수확으로 삶이 안정되고 사람들은 활기가 넘쳤지요. 이는 곧 신에 대한 감사로 이어져 곳곳에 하늘을 찌를 듯이 높이 솟은 고딕 성당들이 세워집니다. 이렇게

명화에 담긴 기상 이변

16세기 북유럽의 겨울, 사람들의 다양한 삶의 모습을 담은 〈눈 속의 사냥꾼〉은 플랑드르 화가 피터르 브뤼헐의 계절을 주제로 한 연작 중 가장 유명한 작품이다. 그런데 〈눈 속의 사냥꾼〉이 탄생할 수 있었던 것은 기상 이변 때문이라고 한다. 16세기 중반, 유럽에는 이례적인 한파가 몰아쳐 평년보다 많은 눈이 내리고 혹독한 추위가 이어졌다. 〈눈 속의 사냥꾼〉에도 그 흔적이 남아 있다. 마을을 온통 뒤덮은 눈은 멀리 보이는 알프스 산꼭대기까지 쌓여 있고, 두껍게 언 얼음판 위에서 사람들이 겨울놀이를 즐기고 있다. 또 나무도 추위 때문에 얇고 단단하게 자라 있는 걸 볼 수 있다.

힘을 얻은 교회는 정치와 학문, 예술은 물론 일상생활에까지 영향력을 발휘해요. 그리고 교황이 황제와 주도권 싸움에서 승리함으로써 권위와 엄청난 부를 누리게 돼요. 하지만 결국은 세속화되고 부패에 빠져 교회의 분열과 종교 개혁 운동이 일어나지요.

그런데 중세의 온난하고 습한 기후가 다 이로운 것만은 아니었어요. 곤충의 개체수가 늘어나면서 말라리아 등 새로운 질병이 발생해 큰 피해를 입었답니다. 또 당시에는 호밀이 주식이었는데, 맥각병에 걸린 호밀로 만든 빵을 먹은 많은 사람들이 경련이나 환각증세를 보이며 심하면 팔다리가 검게 썩어 죽기도 했어요.

중세 온난기가 끝날 무렵 많은 비가 내려 농작물은 거둘 것이 없어지고 사람들은 굶주림과 전염병에 시달려요. 그리고 마침내 소빙기를 맞게 됩니다. 그린란드 해안에 유빙이 나타나며 그린란드는 다시 고립되고 얼어붙은 땅이 돼요. 소빙기 동안 유럽의 겨울은 훨씬 춥고 길어졌으며, 여름은 습하고 짧아져 영국에서는 더 이상 포도를 재배할 수가 없어졌어요. 런던의 템스 강이 얼어붙어 그 위에서 장이 서기도 했다고 해요.

기후가 역사를 만들었다

인간의 삶은 일정한 지리적 환경 안에서 이루어지지요. 특히 기후 조건은 인간의 생존에 큰 영향을 미치고 역사를 변동시키는 요인이랍니다. 인류는 예로부터 기후가 좋은 지역에 정착하여 삶의 터전을 일구었으며, 기후 변화에 따라 주거지를 옮기거나 생계 수단을 바꾸었지요. 인류의 고대 문명이 나일 강, 티그리스 강, 인더스 강, 황허 강 등 물이 풍부하고 농경이나 목축에 적절한 기후 환경이 갖춰진 곳에서 시작된 것을 봐도 잘 알 수 있어요.

이처럼 기후는 인간의 삶에 있어서 가장 기본이 되는 조건이에요. 뉴스에서 저수지 바닥이 쩍쩍 갈라지는 심한 가뭄으로 농작물이 말라죽고, 물고기가 떼죽음을 당한 장면을 봤을 거예요. 또는 집중호우로 집이며 여러 시설물들이 침수되거나 붕괴되는 일도 일어나지요. 폭설로 인해 교통이 끊기고 마을이 고립되며 비닐하우스가 무너져 큰 피해를 입는 경우도 있고요. 이 같은 기후 변화는 우리의 삶에 막대한 영향을 미친답니다. 인류 역사는 바로 이 기후의 영향을 받았어요. 한마디로 기후가 역사를 만들었다고 해도 틀린 말이 아니지요. 따라서 기후를 제대로 알아야 인류가 살아온 과거를 이해하고 미래를 내다볼 수 있답니다.

  인류는 이러한 기후 변화에 끊임없이 위협을 받으며, 이를 이겨 내기 위해 새로운 삶을 개척해 나가야 했지요. 가뭄이나 홍수로 식량난에 허덕이던 경우도 있었고, 새로운 질병이 유행하여 많은 사람들이 죽거나 고통을 받기도 했답니다. 아일랜드 사람들의 미국 이주나 우리 조상들이 간도로 건너간 경우도 모두 식량 문제를 해결하기 위해서였지요. 4세기 말 유럽 전역

을 휩쓸었던 게르만족의 대이동은, 훈족의 침입이 직접적인 원인이었지만 동시에 추운 북유럽 기후를 피하기 위한 것이었다고 해요. 또 기후 변화로 질병이 발생하면서 이를 극복하기 위한 새로운 의술과 의학서 및 복지 시스템이 등장한 것도 인류의 도전이 이룬 결실이라고 할 수 있지요.

또한 기후 변화로 사회가 경제적 위기에 몰리면 반란, 혁명 등의 폭동으로 이어지는 경우도 있었어요. 시민혁명의 대표적인 예인 프랑스 대혁명도 결국은 기상 악화로 인한 식량 위기가 주원인이었답니다. 1780년대 발생한 극심한 엘니뇨와 잦은 태풍, 아이슬란드의 화산 폭발에 따른 소빙기 현상으로 한여름에 한파가 닥쳐 농업 생산량이 크게 줄었거든요. 프랑스 대혁명 발생일인 1789년 7월 14일 파리의 한낮 기온은 고작 섭씨 영상 7도에 불과했다고 해요.

기후 변화가 식량 생산, 더 나아가 정치적 분쟁과 전쟁의 주요 원인이 되어 세계사의 흐름을 바꿔 놓기도 했지요. 3세기에서 4세기에 걸쳐 몽골 고원에서는 기상 이변이 일어나 목초가 몽땅 얼어 죽었답니다. 유목 민족들은 목초가 있는 땅을 찾아 남쪽과 서쪽으로 나아가지요. 남쪽으로 내려간 민족은 중국과 한반도를 점령해요. 또 서쪽으로 간 종족들은 지금의 동부 유럽을 거쳐 중부 유럽까지 진출하여 게르만족을 밀어 버림으로써 로마 문명권이 대격변기를 맞게 된답니다. 이러한 몽골족의 대이동은 동양과 서양에 큰 변화를 일으키는데, 이 모든 것이 기상 이변으로 생긴 일이었지요.

 기후가 만든 최고의 바이올린

바이올린 스트라디바리우스는 빛나고 예리한 음색을 지녀 역사상 최고의 악기로 평가받는다. 가격이 어마어마한 이 바이올린은 이탈리아의 안토니오 스트라디바리(1644~1737)가 만든 것으로 그의 이름을 따 스트라디바리우스라고 불린다. 누구도 모방할 수 없는 악기의 비밀에 대해 이런저런 다양한 추측이 제기되었고, 마침내 음악가들과 과학자들은 악기의 비밀이 목재의 재질에 있다는 결론을 냈다. 목재 악기는 목재의 영향을 민감하게 받기 마련이다. 스트라디바리우스는 소빙기 때 이탈리아를 강타한 한파 속에서 자란 나무만 사용한다고 한다. 추위로 나무의 성장이 느려서 나이테가 일정하게 촘촘하여 목재의 재질이 균일하고 단단한 나무를 사용하기 때문에 탄성이 높고 좋은 소리를 내는 악기가 된 것이다. 말하자면 소빙기가 불멸의 명품 악기를 탄생시킨 셈이다.

그 밖에도 기후 변화는 사상과 예술, 생활 문화, 종교 생활에도 영향을 미쳤어요. 마지막 빙하기 때 구석기인들이 남긴 동굴 벽화는 후빙기 때에는 찾아볼 수 없답니다. 기온이 온화해져 동굴 생활을 하지 않게 되었기 때문이지요. 소빙기 때에는 보온을 위해 주택과 의복이 널리 보급되었으며, 당시의 문학작품이나 그림에서도 화산 폭발로 인한 저온 현상의 영향 등이 묘사돼 있어요. 또한 동양의 불교와 서양의 크리스트교가 세력을 넓혀 자리를 잡거나 이슬람교가 창시된 때도 따지고 보면 기후가 악화된 시기였다고 해요.

이상 기후는 왜 일어날까?

이상 기후의 원인은 여러 가지가 있지만 그 중에서도 지구 온난화가 가장 문제가 돼요. 지구 온난화가 진행돼 지구 평균 기온이 지속적으로 높아지면, 사막은 더 건조해지고 비가 많이 오는 지역의 강수량은 더 많아집니다. 남극과 북극 지역의 빙하가 녹으면 해수면이 상승하고 육지의 면적은 점점 더 좁아지죠. 이로 인해 이상 기후가 자주 나타나게 돼요. 실제로 지구 온난화로 인해 해마다 큰 피해가 속출하고 있어요.

적도 부근 태평양 바닷물의 온도가 높아지는 엘니뇨 현상과 반대로 온도가 낮아지는 라니냐 현상도 이상 기후를 일으키는 원인이에요. 또 다른 원인은 북극 해빙 면적의 감소입니다. 실제 가을철 우랄산맥 부근의 바렌츠해와 카라해의 해빙 면적이 감소해 동아시아 지역에 한파 및 폭

설이 발생했어요. 또한 베링해 부근의 해빙 면적 감소는 북미 지역의 한파 및 폭설 발생에 영향을 주기도 했지요.

 이상 기후는 저온 현상으로 인한 한파, 폭설, 폭염, 가뭄 등으로 나타나요. 지난 2016년 1월에는 동아시아와 베트남, 라오스, 미얀마, 인도 북부, 네팔 등 동남아시아에서 최저 기온을 기록하는 한파가 발생했어요. 엘니뇨가 약화되고 북극의 해빙 면적이 줄면서 북반구와 중위도 간의 기온차가 감소하게 되자 북극 주변 제트 기류가 약해지면서 남하한 북극의 한기가 오랫동안 동아시아에 머무르게 된 때문이라고 해요. 이 이상 한파로 수천 마리의 가축이 얼어 죽고 경작지도 냉해로 큰 피해를 입었지요. 미국 동부는 1월에 내린 폭설로 인해 28명이 사망했고, 일부 지역은 역대 최고의 적설량을 기록했답니다.

 또 2016년 봄부터 여름까지 인도, 일본, 중국, 이라크, 미국 등 세계 곳곳에서 폭염으로 많은 사람들이 죽고 피해를 입었어요. 인도의 경우 5월에 최고 기온 섭씨 51도라는 사상 최고 기온을 기록한 폭염으로 400여 명이 목숨을 잃었지요. 또 심한 가뭄으로 갠지스 강 일부가 바닥을 드러낼 만큼 물 부족 사태를 겪었어요. 이는 엘니뇨 현상으로 인해 열대 태평양 해양이 따뜻해져 동남아시아와 인도 지역이 뜨겁고 건조한 상태가 됐기 때문이랍니다. 이 밖에도 세계는 다양한 이상 기후로 산업과 생활에 큰 피해를 겪고 있어요.

타이타닉 호의 침몰과 엘니뇨

 1912년 4월 14일, 첫 항해에 오른 타이타닉 호가 북대서양 한 지점에서 바다 위를 떠다니던 빙산과 충돌하여 바다 밑으로 가라앉았어요. 보통 때는 빙산이 거의 내려오지 않는 지역이었답니다. 타이타닉 호 침몰 사고의 원인은 엘니뇨라는 기상 현상 때문이에요.
 엘니뇨는 스페인어로 '아기 예수' 혹은 '어린 그리스도'라는 뜻으로, 페루 앞바다의 바닷물 온도가 평소보다 올라가서 페루, 칠레, 에콰도르에 이르는 중남미 지역에 폭우를 일으키고 태평양의 적도 지방뿐 아니라 아시아와 북아메리카 일대에도 광범위한 기상 이변을 일으키는 현상을 말해요. 주로 크리스마스를 전후하여 이러한 현상이 발생했기 때문에 이곳 어부들이 엘니뇨, 즉 아기 예수라는 이름을 붙였답니다.
 엘니뇨 현상이 발생한 해에는 페루 연안의 어부들은 어획량이 크게 줄어 어려움을 겪은 반면 내륙에서는 그 어느 때보다도 많은 비가 쏟아져 풍작을 거둘 수 있었지요. 그때까지만 해도 엘니뇨의 존재는 페루 지역의 어부들 사이에서만 전해졌을 뿐 널리 알려지지 않았어요. 그런데 타이타닉 호 침몰

당시 엘니뇨는 빙산의 경로까지 완전히 바꾸어 놓을 정도로 강력했답니다.

보통 그린란드 서쪽에서 떨어져 나온 빙산들은 따뜻한 멕시코 만류를 따라 흐르다 중간에 거의 녹아요. 타이타닉 호의 경로는 원래 빙산의 위험이 없는 곳이었죠. 하지만 1912년에는 엘니뇨 현상으로 인한 이상 기온으로 따뜻해진 북극에서는 빙산이 더 많이 떨어져 나왔고, 이례적으로 혹독한 추위가 몰아친 북대서양에서는 빙산이 녹지 않아 1천 여 개의 빙산이 떠다니고 있었답니다. 빙산에 대한 경고를 무전으로 받았지만 전속력으로 달리던 타이타닉 호는 수많은 빙산을 피하지 못하고 결국 침몰하고 말지요.

그런데 엘니뇨 현상은 이러한 해양상의 변화만을 가리키는 것이 아니에요. 해양과 대기의 변동이 결합되어 나타나는 현상으로, 페루 연안만이 아니라 전 지구에 영향을 미친답니다. 평소에는 평온하던 지역에 수년에 한 번씩 사이클론이 찾아와 그 지역을 쑥대밭으로 만들기도 하고, 또 열대 우림이 가뭄으로 타 들어가는가 하면 사막에 갑자기 비가 퍼부어 꽃이 피기도 해요.

엘니뇨 현상은 인류 역사에 아주 커다란 영향을 미쳤지요. 명나라는 1640~1641년 엘니뇨에 의한 가뭄으로 대기근이 발생했고, 이는 명나라 몰락의 주요 원인 중 하나가 됐어요. 청나라 말인 1877~1878년에 발생한 강력한 엘니뇨 현상 또한 대기근을 불러와 온 나라를 마비시켰으며 이때 서구 열강들은 구호를 앞세우며 청 제국 안에서 위치를 확고히 하는 계기를 마련합니다. 같은 시기 인도에서도 대기근이 발생하여 550만 명이 사망해요. 태평양의 누벨칼레도니 군도에서도 가뭄으로 인해 프랑스 식민 당국과 원주민들 사이에 큰 충돌이 일어나기도 하지요.

해마다 나일 강의 적당한 범람 덕분에 고도의 문명을 이룬 이집트의 패망도 엘니뇨 현상과 관련이 있어요. 엘니뇨로 인해 비가 적게 내림으로써 나일 강이 범람하지 않았던 거죠. 반면에 스페인의 프란시스코 피사로가 잉카 제국 정복에 나섰던 1532년에는 엘니뇨 현상이 발생하여 예년과 달리 풍족한

비가 내렸어요. 덕분에 군대는 물자의 어려움 없이 진군할 수 있었고, 잉카 제국을 정복하게 됩니다.

  나폴레옹과 히틀러의 군대가 러시아에서 때 아닌 혹독한 추위를 만나 결국 물러나야 했던 이유도 알고 보면 엘니뇨가 원인이었지요. 엘니뇨로 인한 해류 변화가 대기 순환에 영향을 미쳐 이상 한파를 몰고 온 거예요. 이처럼 엘니뇨 현상은 세계 모든 대륙에서 전쟁과 혁명, 정복, 대이주의 원인이 되어 인류 역사에 막강한 영향력을 행사한 존재랍니다.

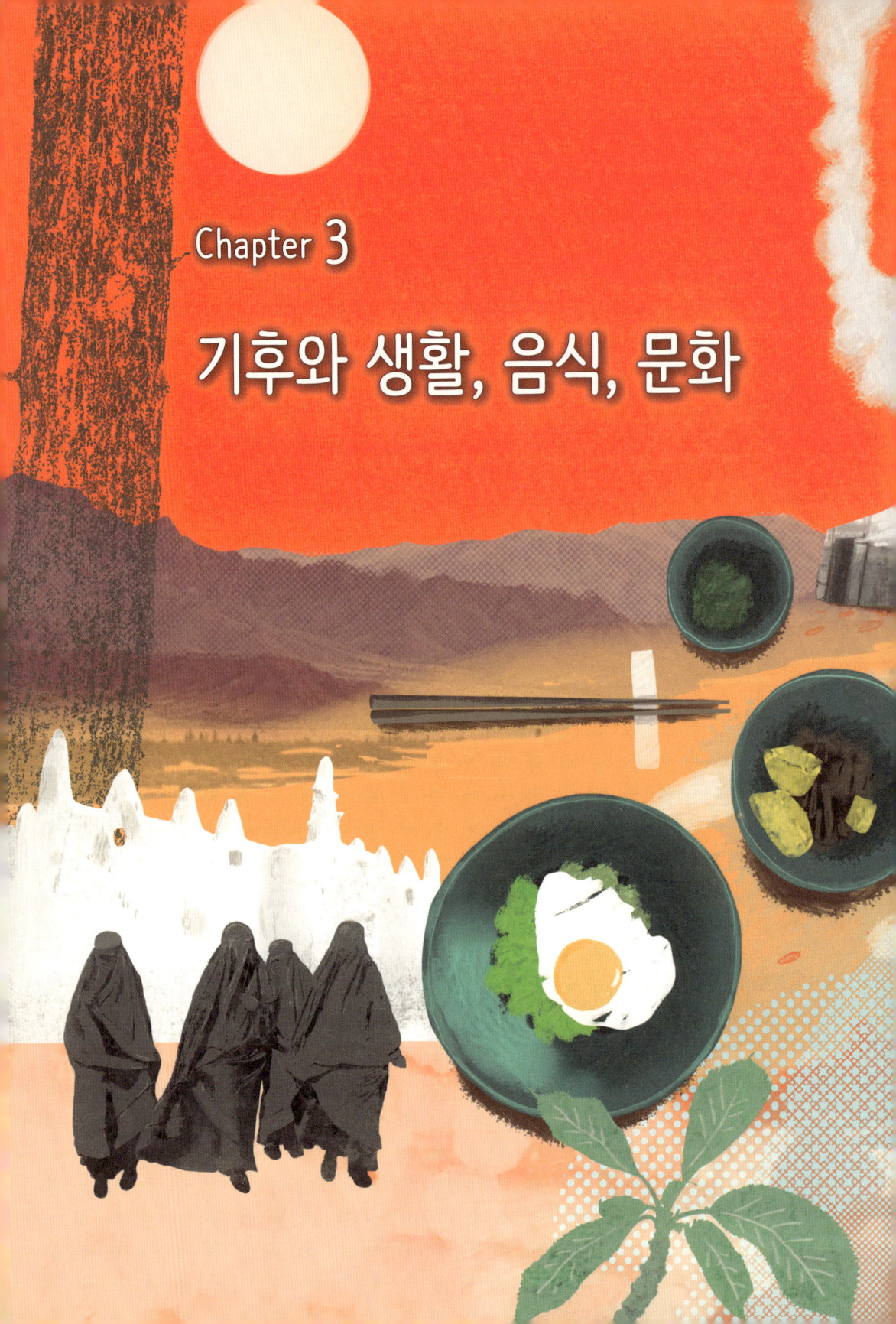

Chapter 3

기후와 생활, 음식, 문화

기후에 따른 의식주 생활

지구상에 있는 수많은 민족과 국가들은 의식주 형태도 각기 다르며 저마다 독특한 생활 양식을 갖고 있지요. 바로 그 지역의 기후 특성에 오랫동안 적응해 오는 동안 자연스럽게 형성된 것이랍니다.

의복의 형태만 해도 추운 지역과 더운 지역은 크게 달라요. 북유럽이나 러시아 등 겨울이 길고 추운 지역에서는 보온을 위한 두꺼운 옷이 반드시 필요하지만 열대 지방과 같은 더운 지역에서는 뜨거운 햇볕을 가릴 정도의 가벼운 옷차림이 일반적이에요. 건조 기후 지역에서는 강한 햇빛을 막고 몸에서 수분이 빠져나가는 것을 막기 위해 머리에서부터 발끝까지 온몸을 완전히 감싸는 복장이 발달했어요. 반면, 중위도 사막 지역에서는 겨울철이 매우 추워 가축의 가죽으로 만든 옷을 입기도 하죠. 우리나라와 같이 사계절이 있는 곳에서는 계절에 따라 맞는 옷을 갖춰 입어요.

지역마다 먹는 음식이 다른 이유도 기후의 영향 때문이에요. 기후 환경에 따라 주식의 종류도 다르고, 기온에 따라 필수 섭취 열량도

다 다릅니다. 추운 지역에 사는 사람들은 많은 열량이 필요하기 때문에 육류를 주로 먹어요. 더운 지역의 사람들은 태양열을 넉넉히 받으므로 농산물을 생산하여 곡식을 섭취하지요. 그리고 사계절이 뚜렷한 지역에 사는 사람들은 계절에 따라 다양한 음식을 섭취하는 데 길들여져 있어요. 겨울에는 칼로리가 높은 음식을 먹고 여름에는 가벼운 음식을 섭취한다고 합니다.

 저위도 지역일수록 식재료가 풍부해 음식의 종류가 다양해요. 열대 기후 지역의 음식들은 주로 맵고 짜며 향이 강하지요. 향신료를 사용하는 것은 덥고 습한 날씨로 인해 음식물이 상하는 것을 방지하고, 입맛을 돋워 주기 때문이에요. 또 기름에 볶으면 식중독과 같은 질병을 예방할 수 있답니다. 반면, 고위도 지역은 음식 가짓수가 적고 담백하고 싱거워요. 조리법도 단순하답니다. 그 이유는 추운 기후로 인해 음식 재료가 풍부하지 않고, 음식 변질을 방지하기 위해 가공할 필요가 없기 때문이에요. 그리고 한랭한 기후로 인해 음식과 음식 재료가 잘 부패되지 않아서 저장 음식이 발달하였지요.

 중위도 지역은 저위도나 고위도 지역에 비하면 음식 문화가 잘 발달했어요. 기후 특성상 쌀과 보리, 밀, 옥수수 같은 곡물이 재배되며, 계절 채소 및 과일의 종류도 다양하기 때문이에요. 또한 고위도 지역의 음식을 저장하는 문화와 저위도 지역의 음식 가공 문화도 함께 발달했답니다.

주거 공간도 지역의 기후에 따라 차이를 보여요. 열대 기후 지역은 더운 날씨여서 집들이 대부분 개방적인 구조를 지니고 있지요. 또 강렬한 태양 복사를 막기 위하여 주위에 녹지대를 만들거나 물위에 집을 짓기도 해요. 열대 우림 지역에서는 높은 기온과 습도를 피하기 위해 전통적으로 집을 바닥에서 약간 띄워서 짓고 벽은 얇게 만들어요. 또한 바람이 잘 통하게 하려고 문과 창문을 크게 내고, 지붕과 벽은 주변에서 쉽게 구할 수 있는 재료인 나뭇잎이나 풀잎으로 엮지요.

건조 기후 지역은 비가 거의 오지 않아 흙으로 집을 지으며 지붕이 평평해요. 또한 뜨거운 햇빛과 모래바람을 피하기 위해 벽은 두껍고 창문이 작은 게 특징이에요. 또한 건물과 건물 사이의 간격을 매우 좁게 하여 골목길에 그늘이 지게 해요. 건조 지역 중 스텝 기후 지역에 사는 사람들은 물과 풀을 찾아 수시로 이동해야 하므로 가볍고 설치 및 철거가 쉬운 천막집을 짓고 살아요.

tip
건조 기후 지역에서 돼지고기를 먹지 않는 이유

서남아시아 같은 건조 기후 지역에 사는 사람들은 돼지고기를 먹지 않는다. 돼지는 더럽고 부정한 동물이기 때문에 사람이 먹으면 안 된다는 코란의 가르침을 따르기 때문이다. 하지만 근본적인 이유는 그 지역의 덥고 건조한 기후가 원인이다. 서남아시아 지역은 대부분 사막과 목초지로 이루어져 있고, 사람들은 좋은 목초지를 찾아 오랫동안 유목생활을 해 왔다. 주로 낙타, 양, 말, 소 등을 길렀는데, 다리가 짧은 돼지는 먼 거리를 이동하기에 적합하지 않다. 게다가 돼지는 잡식 동물이라 사람이 먹는 음식을 먹여 키울 형편도 되지 않았다.

냉대 기후 지역은 추운 날씨에 잘 자라는 침엽수로 지은 통나무집이 많아요. 한대 기후 지역은 나무가 없어서 얼음으로 이글루를 짓고 살아요. 오늘날 이누이트 족의 경우 얼어붙은 땅에 기둥을 세우고 집을 짓는답니다. 여름이 되면 땅이 녹기 때문이지요. 그래서 집들이 바닥에 붙어 있지 않고 살짝 떠 있어요.

tip
수천, 수만 년 전 기후를 어떻게 알 수 있을까?

인간이 온도계 같은 기상 관측 기구를 사용한 것은 400여 년 전이며, 체계적인 기록을 남긴 지는 사실 150년밖에 되지 않는다. 그렇지만 고기후학이라는 학문이 발달하면서 그동안 알 수 없었던 역사적 사실을 해석하는 일이 가능해졌다. 과학적인 관측 장비가 부족했던 시기의 기후 변화를 알기란 어렵다. 하지만 일기, 연대기, 역사서, 작물 수확 문서, 곡물 가격 기록 등의 오래된 기록은 과거 기후를 살필 수 있는 중요한 자료가 된다. 그 밖에 퇴적물, 퇴적층, 화석, 빙하, 나이테, 식생 분포, 개화 시기, 결빙 시기 등을 과학적으로 분석하여 과거 기후의 상태와 변화를 추정할 수 있다. 이러한 연구를 통해 인류는 역사의 많은 수수께끼를 풀어내는 것이다.

그중에 꽃가루를 분석하는 화분학이라는 학문도 과거 기후 역사를 알아내는 데 큰 몫을 한다. 꽃가루는 비를 맞으면 땅에 떨어져 물과 함께 강이나 호수 바닥에 가라앉는데, 이렇게 해마다 똑같은 일이 반복되면 일 년을 주기로 꽃가루 퇴적층이 마치 나무의 나이테처럼 형성된다. 지금으로부터 몇 년 전에 어떤 꽃가루가 많고 적었는지를 표시한 도표는 그 지역의 장기간 식생 변화를 알려 주는 중요한 자료가 된다. 식생의 유형은 온도와 강수량에 크게 의존하기 때문에 꽃가루 퇴적층 분석은 현재 고기후 연구 방법으로 널리 활용되고 있다. 만약 호수 퇴적층이 두껍게 형성되어 있는 데다 습지 식물 꽃가루가 많이 나오면, 그때의 기후가 온난 다습했다고 볼 수 있다. 또 나무 나이테로도 당시의 기후를 알 수 있다. 보통 나이테는 일 년에 하나씩 생기는데 온도와 강수량에 따라 자라는 속도에 차이가 나며 나이테에 당시의 기후 환경이 그대로 나타난다. 심한 가뭄이나 추위에는 나이테 간격이 촘촘하며, 따뜻하고 비가 넉넉하게 내릴 때는 나이테 간격이 넓게 만들어지므로 이를 토대로 기후를 알아볼 수 있다.

기후와 산업

현재 우리나라는 포도, 사과 등의 과일과 녹차, 벼, 겨울 감자, 겨울 배추, 한라봉 등의 작물 재배지가 북쪽으로 올라왔어요. 기후 변화로 인해 작물의 재배 환경이 달라지면서 농산물의 생산량과 품질에 영향을 미쳤기 때문이지요. 강원도 평창에서 사과가 재배되고, 아열대성 기후로 변한 남해안 일대에서 귤 농사를 짓는가 하면 제주도에서는 열대 과일이 자라고 있어요.

수산업의 경우에는 더욱 큰 변화를 맞고 있답니다. 명태나 청어 등 한류성 어류의 어획량이 급격히 줄고 갈치와 정어리도 자취를 감췄다고 해요. 대신 난류성 어종인 오징어의 생산량이 크게 늘고 열대 생물들이 잡히기도 한답니다. 이 밖에도 폭설이나 산사태, 홍수 등 기상 이변에 의한 재해가 증가하면서 보험 및 토목 관련 산업, 수자원 관련 산업, 기후 환경 변화에 따른 보건·의료 산업도 변화를 꾀할 수밖에 없게 되었지요.

현대와 같은 산업 고도화 사회에서는 기상 현상이 산업에 미치는 영향력은 결코 무시할 수 없는 것이 되었어요. 과거에는 산업 구조가 단순해서 농업이나 수산업, 옥외에서 하는 일부 업종들만이 날씨의 영향을 받앉어요. 하지만 현대에는 각 산업들이 유기적으로 연결되어 있어 날씨로 인해 어느 한 업종이 피해를 입게 되면 도미노 현상처럼 모든 산업 분야가 영향을 받게 돼요.

  패션, 전자, 레저 산업은 날씨가 제품의 생산과 판매, 고객 수에 직접적인 영향을 미친답니다. 그래서 날씨 조건에 따른 정확한 수요 예측이 무엇보다 중요해졌지요. 또한 홍수, 가뭄, 태풍, 폭설, 안개 등과 같은 기후 조건이 교통, 통신, 서비스, 에너지, 관광 사업 등에 큰 영향을 미쳐요. 날씨에 따라 비행기와 선박의 운행이 결정되고, 덥거나 추우면 에너지 소비가 늘어나기 마련이니까요.

  오늘날 **지구 온난화로 인한 기상 이변은 산업 전반에 걸쳐 막대한 경제적 손실을** 입히지요. 그런데 이를 사업 기회로 삼고 있는 기업들도 늘고 있어요. 예를 들어 오존층 파괴로 자외선의 양이 증가함에 따라 기능이 훨씬 강력해진 자외선 차단 제품들을 선보이기도 하지요.

  우리나라의 경우 사계절 가운데 봄

가을이 점점 짧아지게 되자 패션업계에서도 계절적 변화에 따라 제품을 구성하고 마케팅 전략을 세우고 있지요. 또 봄철만 되면 극성을 부리는 황사 문제를 겨냥한 황사 마케팅도 그중의 하나에 해당합니다.

기후와 국민성

기후나 날씨는 그 나라의 국민성과도 관련이 있어요. 흔히 영국인은 속내를 잘 드러내지 않고 엄격한 반면 멕시코인은 낙천적이며 열정적인 기질이 강하다고 해요. 여기에는 다양한 요인이 있겠지만 기후의 영향도 무시할 수가 없답니다. 영국은 비교적 날씨가 나쁜 편이지요. 특히 영국의 겨울은 북유럽 국가처럼 춥고 습하며 음산해요. 반면에 멕시코는 일 년 내내 온화한 날씨를 보여 살기에 적합해요. 상대적으로 햇빛에 많이 노출된 사람은 외향적인 경향이 있고, 그렇지 않은 경우에는 내성적인 경향을 보이기도 해요. 우울증 치료에 햇빛을 이용

하는 방법을 봐도 쉽게 이해가 가지요.

　또한 기후는 그 지역의 경제 발전에도 영향을 미쳐요. 그리스나 이탈리아 등 지중해성 기후에 해당하는 지역은 여름에는 무덥고 건조하며 겨울에는 해양성 기단의 영향을 받아 따뜻하고 비가 자주 내려요. 이 지역에 사는 사람들은 겨울에도 과일이나 생선 등 식량을 확보할 수 있어 자연적으로 누리는 혜택이 많아서인지 국민성도 꽤 낙천적인 편에 속하죠. 한편 고르지 못한 강수량과 잦은 가뭄으로 인해 종교적인 성향을 갖게 되었다는 이중적인 면도 있답니다.

　반면 혹독한 겨울을 지내야 하는 사람은 포근한 겨울을 보내는 사람에 비해 부지런하고 절제력이 더 강한 편이에요. 예를 들면, 독일, 네덜란드, 스칸디나비아 등 추운 겨울을 나야 하는 북유럽 국가는 경제 관념이 철저한 국민성으로 잘 알려져 있지요. 스페인이나 그리스 같은 남유럽 국가들은 상대적으로 이런 경향이 덜해요. 실제로 제조업 기반이 탄탄한 북유럽 국가는 남유럽 지역보다 경제적으로 더 부유한 편이랍니다.

　마찬가지로 해마다 추운 겨울을 보내야 하는 우리나라를 포함한 동북아시아 국가는 그렇지 않은 동남아시아 지역보다 경제적으로 더 풍요로워요. 남아메리카 국가 중 칠레는 겨울이 추워요. 그런데 남아메리카에서 1인당 GDP(국내총생산)가 가장 높답니다. 캐나다와 멕시코도 똑같이 국토 면적도 넓고 천연자원도 많지만 캐나다가 멕시코보다 훨씬 부유해요. 아한대에 속하는 북캐나다의 겨울은 매섭게 춥지만 멕시코의 겨울은 따뜻한 편이에요. 물론 캐나다인의 조상은 추운 북유럽 출신이며, 멕시코인의 조상은 따뜻한 남유럽 출신이라는 점도 작용하고 있지요.

물론 기후가 그 지역의 국민성에 절대적인 영향을 미치는 것은 아니지만 **기후 조건은 해당 지역의 사람, 음식, 경제 발전에 상당한 관련**이 있다고 볼 수 있어요.

지금까지 살펴본 바와 같이 인간은 기후 환경에 오랫동안 적응해 오며 지역마다 거기에 맞는 독특한 생활 문화를 형성하고 있어요. 하지만 지구 온난화가 몰고 올 여러 가지 심각한 위험성이 코앞에 닥치면서 그에 대한 대응 전략이 시급해졌지요. 다음 장에서는 기후 변화의 주원인은 무엇이며, 지구 온난화가 가져올 갖가지 위험성에 대해 구체적으로 알아보기로 해요.

기후 변화로 사라질 음식 10가지

• **맥주** – 맥주는 물과 보리, 그리고 홉으로 만들어져요. 전 세계적인 물 부족 사태와 지구 평균 기온의 상승 및 잦은 기상 재난은 보리와 홉의 정상적인 생산을 방해하죠. 특히 홉은 기후 변화에 매우 취약한 식물이에요. 벨기에에서는 밤사이에 기온이 떨어져 맥주 발효에 적당한 온도가 되는데, 최근에는 밤 기온이 떨어지지 않아 전통적인 맥주 제조 방식이 위협받고 있다고 해요.

• **사과** – 온대 기후 지역이라 해도 추운 날이 충분하지 않으면 과일과 견과류가 제대로 결실을 맺지 못하고 여러 가지 이상 증상이 나타난다고 해요. 독일과 미국의 연구진들은 기후 변화로 겨울이 짧아지면 사과를 비롯한 과일과 견과류를 재배하는 농가가 큰 타격을 입을 것으로 예상하고 있어요.

• **커피** – 기후 변화로 인해 커피나무가 곰팡이에 감염되는 피해 사례가 나오며 커피 재배 지역에 큰 영향을 미치고 있어요.

- **초콜릿** – 초콜릿의 주원료인 카카오는 햇빛, 강수량, 토양 상태 등 기후의 영향을 많이 받아요. 카카오 열매는 충분히 건조되어야 상품성이 높아지는데 기후 변화가 이를 방해하기 때문이지요.

- **포도주** – 프랑스 보르도나 이탈리아 투스카니 등 유명 포도주 산지가 기후 변화로 인한 기온 상승으로 피해를 입고 있다고 해요. 머지 않은 미래에 포도주 생산량이 최대 80퍼센트 이상 떨어질 수 있다고 하며, 호주, 뉴질랜드, 미국 캘리포니아 등도 마찬가지로 영향을 받을 거라고 예측하고 있답니다.

- **땅콩** – 땅콩은 재배 조건이 무척 까다롭지요. 여름에 너무 많은 비가 내려도 안 되고, 또 가뭄이 들면 줄기가 말라붙고 땅콩에 독성 곰팡이가 생겨 먹지 못하게 돼요. 땅콩 주산지인 미국 남부는 앞으로 덥고 건조한 기후가 심해질 것으로 예상되고 있으며 이미 미국을 덮친 몇 차례 가뭄으로 땅콩 가격 상승이 나타나기도 했는데요. 업계와 소비자들이 기후 변화에 긴장하는 이유라고 합니다.

- **감자** – 감자는 열 스트레스에 매우 민감하여 기온이 상승하면 광합성에 문제가 생기게 돼요. 남아메리카 안데스 산맥에서는 과거 해발 3000미터 수준에서 재배되던 감자가 현재는 4000미터까지 올라갔어요. 8000년 동안 이어진 이 지역의 감자 재배 농업이 온난화로 심각한 위기를 맞고 있다고 해요.

- **해산물** – 대기 중 이산화탄소의 양이 늘어나면 바다에 녹아드는 탄소의 양도 증가해요. 그렇게 되면 바닷물의 산성도는 낮아져 조개 등 연체동물과 산호초에 치명적인 타격을 입히지요. 또한 수온 상승과 용존 산소량 감소는 어류에도 심각한 영향을 미치게 돼요. 게다가 세균성 질환이 발생해 해양 생태계가 파괴될 수도 있지요.

- **쌀** – 유엔 식량농업기구는 인구는 증가하지만 농사를 지을 땅과 물은 점점 줄어 있다고 경고하고 있어요. 기상 이변은 쌀 생산에 큰 영향을 미치는 데다 산업화로 인해 농사를 지을 땅이 사라지는 것도 쌀의 존재를 위협하는 요인 중 하나지요.

- **아보카도** – 아보카도는 단백질과 지방 함량이 높아 인기 있는 열대 과일이에요. 그런데 지구의 기온이 올라가면서 생산에 문제가 생기고 있어요. 날씨가 더워 아보카도의 크기가 작아지고, 물이 부족하기 때문이죠. 아보카도는 재배하는 데 물이 많이 필요한데 토마토와 비교하면 같은 양을 생

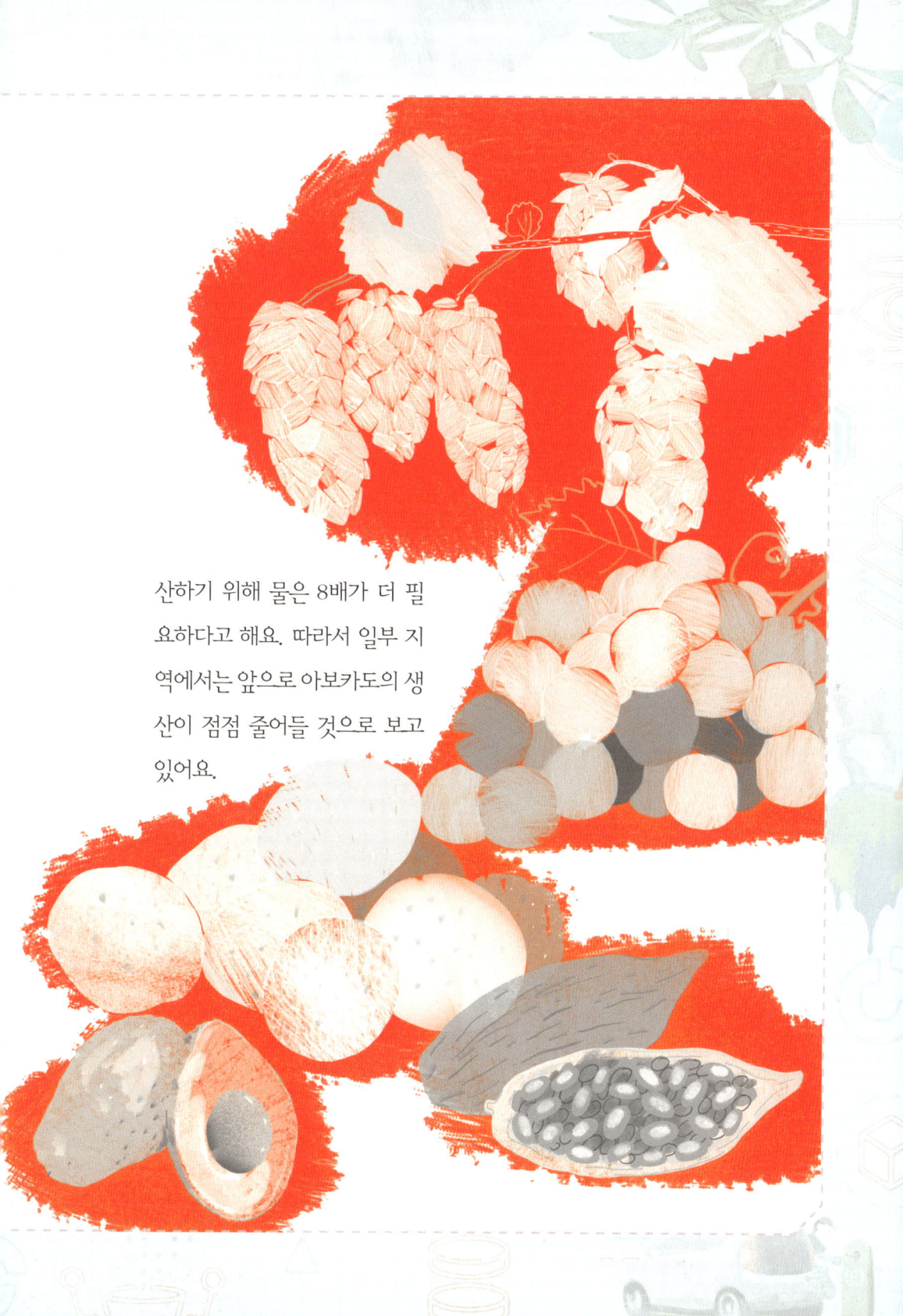

산하기 위해 물은 8배가 더 필요하다고 해요. 따라서 일부 지역에서는 앞으로 아보카도의 생산이 점점 줄어들 것으로 보고 있어요.

기후 변화의 주원인은 인간 활동

지구가 생긴 이래 기후는 끊임없이 변해 왔으며 지금도 계속 변화하고 있어요. 실제로 한반도의 전통적 겨울 날씨인 삼한사온은 옛말이 되었지요. 겨울답지 않게 포근한 날이 계속되는가 하면 10여 일 넘게 맹추위와 함께 이상 한파가 몰아치기도 해요. 또한 남부 지역은 점점 아열대성 기후로 변해 가고 있고요. 잦은 태풍과 집중적으로 퍼붓는 이상 강우 현상, 짧아진 봄과 가을, 엘니뇨, 라니냐 등은 이제 우리에게 너무나 익숙한 단어가 되었답니다. 지구의 기후를 변화시키는 요인은 크게 자연적 요인과 인위적 요인으로 나눕니다.

대기, 육지, 해양 등의 상호 작용이나 화산 폭발에 의한 화산재 및 화산 가스가 구름 먼지를 형성하여 태양 복사열을 차단하는 경우 등이 지구의 기후 변화를 부르는 자연적 요인에 해당돼요. 그 밖에 태양 활동 변화와 공전 궤도 변화 등 여러 가지 자연적인 요인이 기후 변화에 영향을 미치지요. 지구는 매일 하루에 한 바퀴씩 자전축을 중심으로 자전을 해요. 현재 지구 자전축의 기울기는 약 23.5도인데, 이 자전축은 약 4만 1000년을 주기로 21.8~24.4도의 변화가 일어나요. 자전축의 기울기가 커지면 태양 에너지를 받는 면적이 늘어나 온도가 높아지죠. 반대로 기울기가 작아지면 태양 에너지를 받는 면적이 작아져서 온도가 낮아지는데, 이 때문에 기후 변화가 생기게 된답니다.

그러면 지구의 기후 변화를 일으키는 인위적 요인들에는 어떤 것들이 있을까요? 지구 온난화의 주범인 온실 효과가 있고, 지구의 기온을 떨어뜨리는 에어로졸 효과를 들 수 있어요. 모두 인간의 활동 때문에 빚어지는 현상이지요.

지구 온난화 현상은 대기 중 온실가스의 농도가 증가하기 때문에 발생해요. 예를 들어, 화석 연료의 사용이나 열대림의 화재로 인해

대량으로 방출되는 이산화탄소 등이 온실 효과를 일으켜 지구의 평균 기온이 상승하게 돼요. 이산화탄소의 대기 중 농도는 산업 혁명 이전보다 약 50퍼센트 가까이 늘어났다고 해요. 또 축산업과 농업의 확대로 배출되는 메테인과 냉매재, 살충제 또는 세척제로 사용하는 프레온 가스, 화학 비료에서 나오는 질소 등도 지구 온난화에 원인이 됩니다.

한편 인도의 한 해양연구소에 소속된 팀은 인도 서해안 아라비아 해역에서 진행한 연구를 통해, 인류의 지나친 화학비료 사용이 산소를 감소시키고 해안 지역의 이산화질소 함유량을 증가시켜 지구 온난화를 일으킨다고 주장해요. 이산화질소가 흡수하는 적외선은 이산화탄소의 200배에 달하며 적외선은 온실 효과와 지구 온난화를 일으키는 중요한 요인이 된다고 해요.

숲의 파괴도 지구의 평균 온도를 높이는 원인이에요. 숲은 동식물이 살아가는 터전이자 물과 탄소의 순환을 맡아 생태계 유지에 큰 역할을 해요. 그런데 경작지 확대나 도로, 댐, 골프장, 스키장 등의 건설 및 도시화와 산업화로 인해 많은 숲이 사라지고 있는 것도 지구의 기후 변화에 중요한 영향을 미쳐요. 이러한 인위적인 인간 활동이 생물 다양성의 보고이자 지구 생명체의 생명 유지 시스템의 중요한 기능을 가진 산림 본연의 기능을 잃게 만들어 결국 온실 효과를 강화하게 되는 요인이 된답니다.

지구의 기온이 한랭하게 되는 에어로졸 효과는 산업 활동 때문에 생겨요. 에어로졸은 대기 중에 떠다니는 액체 또는 고체 상태의 작은 입자로 연무질이라고도 해요. 에어로졸은 사막의 모래먼지처럼 자연발생적인 것도 있지만 석탄에서 나오는 검댕에서부터 자동차 배기가스 같은 인공적인 것도 있어요. 구름은 일차적으로 바람이 불고 공기가 식으면 생기는데, 구름의 성분은 에어로졸에 의해 결정돼요. 에어로졸이 꽉 차 있는 '오염된' 구름은 많은 물을 머금은 채 하늘에 오래 머물고 더 넓은 지역을 덮는 지붕 구실을 하지요. 그래서 태양에너지를 우주로 더 많이 돌려보내게 되어 그만큼 지구 온도를 낮춘답니다.

온실 효과(Greenhouse Effect)

온실 효과는 말 그대로 온실과 같은 보온 효과를 말한다. 태양에서 나온 빛 에너지는 지구의 대기층을 통과하면서 일부분은 대기에 반사되어 우주로 방출되거나 대기에 직접 흡수된다. 약 50퍼센트 정도의 햇빛만이 지표에 도달하게 되는데, 지표에 흡수된 빛 에너지는 열에너지나 파장이 긴 적외선으로 바뀌어 다시 우주로 방출된다. 이 방출되는 적외선은 반 정도는 대기를 뚫고 우주로 빠져나가지만, 나머지는 구름이나 수증기, 이산화탄소 같은 온실가스에 의해 흡수되어 다시 지표로 되돌려 보내진다. 이와 같은 작용이 반복되면서 지구가 덥혀지는 것이다. 온실의 유리가 광선을 통과시키지만 내부의 열을 방출하지 않기 때문에 보온 효과가 생기는 것과 비슷해서 이 현상을 온실 효과라고 한다.

실제로 대기에 의해 일어나는 온실 효과는 지구의 표면 온도를 일정하게 유지시켜 주는 매우 중요한 현상이다. 만약 대기가 없어 온실 효과가 없다면 지구는 화성처럼 사람이 살 수 없는 곳이 될 것이다. 낮에는 햇빛을 받아 수십 도 이상 올라가지만, 반대로 태양이 없는 밤에는 모든 열이 방출되어 섭씨 영하 125도 이하로 떨어지게 되기 때문이다. 즉, 온실 효과 자체가 문제가 아니라 일부 온실 효과를 일으키는 기체들이 대기 중에 과다하게 방출되어 이상 고온 현상을 일으키는 게 문제이다.

지구의 평균 온도가 계속 올라간다면 어떻게 될까?

인간의 환경 파괴로 인해 지난 100년 동안 지구 평균 표면 온도는 0.74도 상승했어요. 지구의 온도가 상승하면 지구 전체가 심각한 위협을 받아요. 각종 산업 및 생활에 큰 어려움을 겪고 지구촌의 빈곤과 불평등의 문제가 더욱 심화된답니다. 영국의 한 유명 일간신문은 지구의 온도가 상승하면 다음과 같은 변화가 일어날 거라는 예측을 내놓았어요.

- 평균 온도 2도 상승 : 해수면이 7미터 가량 상승하면서 빙하가 점차 녹아내리기 시작하며 북극곰은 멸종돼요. 유럽에서는 고온 때문에 수만 명이 사망하고 동식물의 3분의 1이 멸종 위기에 처하지요. 식량 생산이 줄어들어 곡물 가격이 크게 오르며, 약 50억 명의 인구가 물 부족을 겪게 된답니다.

- 평균 온도 3도 상승 : 적도 지방은 타는 듯한 더위로 지옥이 되어 버리고 생존을 위해 북반구로 피난을 가는 이재민이 수십억 명에 이르게 돼요.

- 평균 온도 4도 상승 : 해안가 도시들은 바닷물에 잠겨 사라지고, 남극 대륙의 일부가 완전히 소멸되어 해수면이 급격히 상승하게 되죠. 영국은 여름철 기온이 섭씨 45도까지 올라갈 것으로 예상돼요.

- 평균 온도 5도 상승 : 인류 문명이 붕괴되기 시작해요. 대륙 내부에서는 온도 상승과 지하수가 바닥나 더 이상 사람이 살 수 없는 불모지가 많아져요. 가난한 난민들은 식수 부족으로 사망하며, 극지방에는 더 이상 얼음을 찾아보기 어려워지죠.

- 평균 온도 6도 상승 : 지구에 사는 생명체의 95퍼센트가 멸종해요. 운 좋게 살아남은 인류와 생명체는 수시로 몰아닥치는 태풍과 해일에 고통을 받을 것이고, 황화수소와 메테인 때문에 곳곳에서 화재가 끊이지 않게 된다고 해요.

맹그로브 숲과 지구 온난화

맹그로브는 아열대나 열대 지역의 해변이나 하구의 습지에서 자라는 나무예요. 높이가 3미터부터 수십 미터에 이르는 것까지 종류가 다양해요. 바닷물에 직접 뿌리를 내리며 자라는데, 바닷물과 함께 살아가기 위해 소금기를 걸러 내는 뿌리를 가지고 있으며 물 위로 드러난 뿌리로 호흡을 한답니다. 특이하게도 맹그로브는 씨앗을 통해 번식하지 않고 주아라고 불리는 싹이 튼 형태의 작은 나무를 키워 낸 후 이를 물에 직접 떨어뜨려 번식해요. 이 맹그로브가 자라는 숲은 해양 생태계에 중요하고 엄청난 영향을 미치지요. 많은 뿌리가 물의 흐름을 방해해 작은 물속 생명체들이 살아갈 공간과 먹이를 제공해요. 쉽게 말해 어린 생물들의 좋은 먹이가 되는 갯벌과 같은 역할을 하는 거예요.

한편, 파도로 인한 토양의 침식을 막고 쓰나미의 피해도 줄여 줘요. 산호초와 여러모로 비슷한 맹그로브 숲은 해양 생태계와 육상 생태계를 건강하게 하고 상호 작용하는 장소가 돼요.

2004년 12월에 발생한 쓰나미는 동남아시아의 인도네시아, 말레이시아, 태국, 인도, 스리랑카에 엄청난 인명과 재산 피해를 입혔어요. 이러

　한 대형 참사를 빚어낸 이유 중 하나가 쓰나미의 위력을 감소시켜 주며 방어막 역할을 하던 맹그로브 숲이 파괴되고 사라져 버려 완충 작용을 해 줄 수 없었기 때문이라고 해요. 피해 지역의 해안선을 따라 무성하게 자라던 맹그로브 나무를 베어 내고 양식장이나 관광 편의 시설, 도로, 항구 등을 만들었던 인간 중심의 개발, 다시 말해 인간의 욕심이 자연재해를 키웠다는 얘기지요.

　그런데 이 맹그로브 숲이 지구 온난화와 관련하여 매우 중요한 열쇠를 쥐고 있다고 해요. 맹그로브 숲은 지구의 생산 활동이 이산화탄소 발생과 기후 변화에 어떤 영향을 미치는지 판단하는 지표인 지구의 탄소 수지와 밀접하게 관련이 있거든요. 사실 지구 전체의 숲에서 맹그로브가 차지하고 있는 비율은 약 0.7퍼센트에 지나지 않아요. 하지만 지구의 탄소 수지에서 맹그로브 숲이 차지하는 중요성은 엄청나답니다. 해마다 전 세계 인구가 만들어 내는 이산화탄소의 2.5배 정도를 흡수하고 저장할 수 있는 능력을 갖추고 있거든요. 맹그로브는 광합성을 통해 몸속에 탄소를 저장하는데 탄소 흡수량이 무려 소나무의 4.4배, 백합나무의 2.2배나 되며, 이는 1400명의 사람이 내뿜는 탄소량을 흡수하는 것과 같답니다. 그리고 흡수된 탄소를 해양 생태계에 필요한 양분으로 만들어 공급하지요.

지난 수천 년에 걸쳐 맹그로브는 헥타르 당 1000톤에 달하는 막대한 양의 탄소를 걸러 냈어요. 하지만 심각한 산림 벌채와 더불어 경제적 목적을 위해 맹그로브 숲을 새우 양식장이나 매립지로 사용하거나 호텔 및 항구 등을 지으면서 맹그로브가 손상되자 점점 탄소가 대기 중으로 방출되어 기후 변화가 더욱 가속화되고 있지요. 맹그로브 손실로 인해 배출된 탄소량은 산림 벌채로 인해 배출된 전 세계 총 탄소 배출량의 약 5분의 1을 차지하며, 경제적 손실만 해도 연간 60억에서 420억 달러에 이른다고 해요. 그러므로 맹그로브 숲을 보존하는 것은 단순히 자연과 생태계를 보호하는 것 이상의 의미를 갖지요. 맹그로브는 지구의 기후를 지키는 데 가장 강력한 힘을 보유하고 있는 식물이랍니다.

지구 온난화, 사막화, 황사

지구 온난화로 우리나라가 큰 피해를 입고 있는 것 중 하나가 바로 봄철에 발생하는 황사예요. 우리나라 미세먼지 농도가 높은 가장 큰 원인 가운데 하나가 중국에서 날아오는 황사 때문이라는 건 모두가 아는 사실이지요. 황사는 국내 미세 먼지 오염원의 50퍼센트나 차지해요. 황사는 주로 봄철에 중국이나 몽골의 사막에 있는 모래와 먼지가 상승하여 편서풍을 타고 멀리 날아가 서서히 가라앉는 현상을 말해요. 흙비라고도 하지요. 아시아 대륙에서는 중국과 우리나라, 일본 순으로 봄철 황사 피해를 가장 많이 입고 있어요. 또 황사는 아프리카 대륙 북부의 사하라 사막에서도 발생해요.

 정확히 말하면, 황사는 강하고 지속적인 바람, 기류, 지표면의 풍부하고 건조한 모래, 이 세 가지를 모두 갖고 있는 사막에서 시작돼요. 해를 거듭할수록 황사가 더 심각해지는 이유는 다름 아닌 사막이 넓어지고 있는 사막화 현상 때문이지요. 사막화란 사막이 아니었던 지역이 사막으로 변하는 것을 가리켜요. 주로 기후 변화로 인한 가뭄이나 건조화 현상, 산림 벌채, 환경오염 등이 복합적으로 작용하여 토지가 사막처럼 되는 것이지요. 그 밖에 지나친 가축 방목으로 풀이 다시 날 수 없게 되거나 댐 건설 같은 수자원 이용과 광산 채굴도 사막화를 부추기는 원인이에요.

사막화의 진행률은 아시아 대륙이 37퍼센트, 아프리카가 32퍼센트에 이르며, 해마다 서울시의 6배에 해당하는 면적이 사막화되고 있어요. 중국은 전체 면적의 27퍼센트, 몽골은 90퍼센트가 이미 사막화되었고, 미국의 경우 중남부 지대를 중심으로 전 국토의 40퍼센트가 사막화 위기에 처해 있답니다.

중국의 사막화는 아주 오랜 중국 역사의 수많은 전쟁과 관련이 깊어요. 갑옷과 무기를 만드는 데 많은 나무가 이용되었고, 전쟁을 피해 산으로 들어간 사람들이 농지 개간을 위해 나무를 베어 냈기 때문이에요. 또한 급속한 산업화와 도시화도 사막화에 한몫을 했어요.

사막화의 직접적인 원인은 강수량이 증발량에

미치지 못하기 때문이에요. 그러나 가뭄과 같은 기상 조건만으로 사막화가 일어나는 건 아니에요. 인구와 가축의 증가와 관련하여 건조 지역의 과도한 개발이 사막화를 유발한답니다. 구체적으로 설명하면 초식동물이 건조 지역의 풀들을 다 뜯어먹으면 지표면의 반사율이 증가하여 지표면이 냉각돼요. 냉각된 지표면에서는 건조한 하강 기류가 형성되고 이로 인해 강수량이 감소하여 사막화가 가속된다고 해요.

  이러한 사막화는 황사를 발생시키는 것도 문제지만, 산림이 사라지면서 지구 온난화가 점점 심각해진다는 것이지요. 토양에 나트륨, 칼슘 등의 염류가 축적되는 염류화 현상이 발생하고 토지가 황폐화되면서 그곳에 살던 생물들이 멸종하게 되죠. 그리고 사막화로 인해 농작물 생산이 어려워 기아와 빈곤의 악순환이 일어납니다. 최근 아프리카 대륙에서 인구가 밀집돼 있고 사하라 사막 근처의 반건조 지역인 사헬에서는 심각한 토지 황폐화와 건조 지대의 확장으로 인해 기아 문제가 발생하고 있답니다.

중국의 황사를 막을 방법은?

주로 중국과 몽골 사막 지대가 발원지인 황사는 강한 바람에 의해 하늘 높이 올라간 미세한 모래 먼지가 상층의 편서풍을 만나 한반도 부근까지 날아와 서서히 하강하게 됩니다. 보통 3월에서 5월에 많이 발생하며, 때로는 상공의 강한 서풍을 타고 우리나라를 거쳐 일본, 태평양, 북아메리카까지 날아가기도 해요. 우리나라는 특히 중국에서 불어오는 황사의 영향을 크게 받는 나라예요.『조선왕조실록』에도 황사 현상에 대한 기록이 나와 있는데, 한반도가 황사의 영향을 받은 지 오래되었음을 알 수 있어요.

황사의 발원지인 중국과 몽골의 경우 황사 피해가 더욱 심각해요. 우리나라에서도 1990년대 이래 황사 발생 횟수와 강도가 빠른 속도로 증가하고 있으며, 겨울철에도 황사 발생이 점점 잦아지고 있어요. 황사는 호흡기 질환을 비롯하여 각종 질병을 유발하는 원인이 돼요. 또한 산업 활동에도 영향을 미치며 대기 오염 등 지구 환경에도 많은 문제를 일으킨답니다.

황사는 이제 국제적인 환경 문제가 되었어요. 국가 간 협력을 통해 황사의 발생과 이동을 분석하고, 조기 경보 체제를 강화하여 그 피해를 줄이는 데 온갖 노력을 기울이고 있답니다. 중국과 일본, 그리고 우리나라의 환경 장관들이 모여서 황사를 막을 대책을 논의하기도 했어요.

　중국에서는 황사 문제를 환경오염이라기보다는 사막화로 인한 천연 재해라는 관점에서 접근해요. 따라서 근본적으로 사막화를 막을 방법에 주력하고 있지요. 생물학적 대책과 사막화 방지 프로젝트를 마련하고 산업 구조 조정 조치 등을 시행하고 있답니다.

우리나라의 경우에는 중국과 몽골에서 발원한 황사의 피해 지역이라는 점에서 피해의 조기 예보에 노력을 기울이고 있어요. 황사가 편서풍을 타고 우리나라로 들어오게 되어 있기 때문에 황사의 발생부터 이동까지의 경로 및 그 영향을 미리 예보함으로써 피해를 최대한 줄이자는 거지요. 황사 예보 단계는 황사 경보와 황사 주의보로 구분되는데, 황사로 인해 1시간 평균 미세 먼지 농도가 1제곱미터당 800마이크로그램 이상이 2시간 이상 지속될 것으로 예상될 때에는 황사 경보를 발령하죠. 그리고 황사주의보는 황사로 인해 1시간 평균 미세 먼지 농도 1제곱미터당 400마이크로그램 이상이 2시간 이상 지속될 것으로 예상될 때 발령됩니다.

하지만 황사 예보만으로는 근본적인 대책이 될 수는 없지요. 최근 중국, 일본, 몽골, 그리고 우리나라와 유엔환경계획(UNEP), 아시아개발은행(ADB), 아시아태평양경제사회위원회(ESCAP) 등 관련 국제기구가 공동으로 황사 문제에 대응하기 위해 나서고 있어요. 지역 협력 체제를 구축하고, 황사 모니터링, 조기 경보 네트워크 구축 프로그램 준비 및 8개 황사 방지 시범 사업 지역을 선정하여 시범사업 실시 등을 계획하고 있다고 해요. 이웃나라 일본의 경우, 중국과 대한민국에 비해 비교적 황사의 피해가 적은 지역으로, 자본과 기술력으로 황사 필터를 설치하여 황사의 피해에 대비하고 있어요.

하지만 가장 확실한 황사 대책은 중국과 몽골의 사막화를 억제하는 일이에요. 사막화가 황사의 발생 빈도와 강도를 증가시키고 있기 때문이지요. 그러한 노력 중 하나로 2009년 4월, 광업 활동으로 인한 피해를 막는 사업을 실행하는 기관인 한국광해관리공단은 몽골 트브 주 정부와 '광해 복구를 위한 조림사업 및 활용'에 관한 양해 각서를 체결하기도 했어요. 이에 따라 한국광해관리공단은 몽골 정부로부터 여의도 면적의 약 33배에 해당하는 1만 헥타르 조림지를 무상으로 제공받아 50년간 쓸 수 있게 되었지요.

몽골은 석탄, 구리, 우라늄, 금 등 자원이 풍부한 나라로 현재 조업 중인 광산만 1400여 곳에 이르지만 광산으로 인해 발생하는 환경오염을 막는 조치는 거의 하지 않아 토양이 중금속에 오염되고 산성으로 변하고 있어요. 그래서 한국광해관리공단은 몽골 정부에 광산과 그 주변에 중금속을 흡수하고 산성화를 막아 줄 나무를 많이 심어야 한다고 제안하여 대규모 조림지를 확보하게 된 거랍니다. 이 조림 사업은 녹색 성장 지구 온난화, 황사 방지 등 핵심과제에 동시에 접근했다는 데 큰 의미가 있으며 황사 방지와 탄소 배출권 확보, 목재 생산 등 일석삼조의 효과를 거둘 수 있을 거예요.

지금 이 순간도 지구 온난화로 인한 사막화가 가속화되고 그에 따라 황사의 발생 역시 증가하고 있으므로, 우리 모두 지구 온난화 방지에 좀 더 힘을 쏟아야 해요.

Chapter 5

기후 전쟁,
기후가 변하면 전쟁을 부른다

기후 변화로 인한 기후 난민 발생

세계는 20세기 이후 인종, 종교, 정치, 전쟁으로 2000여만 명의 난민이 발생했어요. 1948년 레바논 팔레스타인 난민, 1975년 베트남 보트피플, 1994년 르완다 종족 분쟁으로 300여만 명이 조국을 떠나야 했지요. 그리고 세계 최초로 남태평양의 섬 투발루 사람들이 기후 난민이 되었어요.

'기후 난민'이란 기후 변화의 원인으로 생존을 위협받아 어쩔 수 없이 삶의 터전을 떠나는 사람들을 가리켜요. 최근 들어 가뭄, 폭우, 홍수 및 지진 등과 같은 기상 이변 등이 급증하면서 세계 곳곳에서 기후 난민이 생겨났지요. 지구 온난화 등의 자연재해나 원전 사고로 인한 방사능 피폭 등의 환경 파괴가 기후 난민이 늘어나는 주요 원인이에요.

투발루와 키리바시의 해수면 상승

기후 난민 문제가 가장 심각한 지역으로 알려진 남태평양 적도 부근의 섬들은 국토 전체가 해수면 상승으로 이미 나라 자체가 사라질 위기에 처해 있어요. 특히 투발루의 9개 섬들 중 이미 2개의 섬은 바닷속으로 가라앉은 상태이며, 나머지 섬들도 식물이 살 수 없는 곳이 되어 가고 있다고 해요. 키리바시도 마찬가지 상황이에요. 원래 투발루와 키리바시는 영국의 식민지였어요. 영국의 보호령이었던 길버트 제도는 독립하여 키리바시가 되었고, 엘리스 제도는 투발루가 되었지요. 과거에 한 나라였던 곳이 두 나라로 되었고, 이제 그 두 나라 모두 비슷한 운명을 맞이하고 있답니다.

과학자들은 최악의 경우 약 35년 후엔 키리바시에 사람이 사는 게 불가능할 것이라고 내다보고 있어요. 말하자면 키리바시가 지구 온난화로 사라질 첫 번째 나라가 될 수 있다는 것이지요. 키리바시는 현재 바닷물이 육지 깊숙이 침투해 농지에 염분이 스며들어 농작물 생산에 어려움을 겪고 있어요. 또 산호초 섬은 땅에 비를 잘 저장하지 못하는데, 바닷물이 계속 육지로 들어오면서 식수가 오염돼 먹을 물이 부족한 것도 큰 문제랍니다.

키리바시 정부는 해수면 상승에 대비해 온갖 노력을 기울이고 있는데, 해안가에 맹그로브 나무를 심고 있는 것이 대표적인 방법이에요. 맹그로브 나무는 물 아래 뿌리를 길게 내려 자연 방파제 역할을 하기 때문에 파도나 해일 피해를 줄이는 데 도움이 돼요.

이처럼 머지않아 주민들 상당수가 다른 나라로 이주해야 하는 입장에서 키리바시는 자국 국민들이 기후 난민이 되지 않도록 하기 위해 여러 가지 준비를 하고 있다고 해요. 그중에 하나가 '존엄한 이주' 프로젝트랍니다. 이주한 지역의 새로운 공동체에 기여할 수 있도록 직업 훈련을 하는 프로그램이에요.

 투발루의 경우, 정부는 1만여 명에 이르는 국민 전부를 이웃나라로 이주시키는 사업을 추진했지만, 이웃나라인 호주는 투발루의 단체 이민 요청을 거부했고, 뉴질랜드는 1년에 단 75명의 이민만을 허용하고 있을 뿐이랍니다.

 영국, 독일, 이탈리아, 벨기에 등 서유럽 국가들도 이와 마찬가지예요. 이들 국가들은 이미 1990년대 중반부터 약 10년간 평균 30만 명 정도의 난민을 수용하여 그 이상 난민을 받아들이기가 어려운 상황이지요. 더군다나 이들 국가들은 2004년부터 자국 내 난민 유입을 억제하는 정책을 펴고 있어요. 기후 난민의 수는 이미 1998년에 전쟁 난민의 수를 넘어섰고,

40년 후인 2050년에는 우리나라 인구의 4배가 넘는 약 2억 명이 될 것으로 추산하고 있답니다.

방글라데시의 이상 홍수

프랑스 면적의 4분의 1보다 조금 큰 땅덩어리에 1억 4000만 명이 넘는 인구가 거주하는 방글라데시는 지구 온난화 때문에 큰 피해를 보고 있어요. 해수면 상승이 우려되는 가운데, 히말라야에서 녹아내리기 시작한 빙

하가 집중 호우 시 빠르게 불어나는 강물과 합쳐져 범람하는 사례가 자주 발생하고 있기 때문이지요. 집중 호우가 내리면 국토의 3분의 1이 물에 잠겨 방글라데시는 심각한 홍수 피해를 겪고 있답니다.

　유엔 산하 기후 변화에 관한 정부간 협의체(IPCC)는 방글라데시에서 해수면 상승으로 오는 2050년까지 국토의 17퍼센트가 침수되고, 약 2000만 명의 기후 난민이 발생할 것이라고 경고했어요. 1990년대부터 기후 변화로 인한 이상 홍수의 급증으로 삶의 터전이 물 밑으로 가라앉고 있는 데

다가 홍수로 농경지와 식수 오염이 심화되자 경작지를 새우 양식장으로 바꾸게 되면서 일자리 잃은 농민들도 결국은 기후 난민이 될 수밖에 없는 상황에 처해 있지요.

이처럼 인간 활동이 부른 이상 기후 변화에 대해 안타깝게도 죄 없는 개발 도상국의 빈곤층들이 그 피해를 고스란히 입고 있어요.

사막화와 지역 분쟁

지구 온난화로 인한 기후 패턴의 변화와 개발 프로젝트와 관련된 환경 파괴는 지구의 사막화를 촉진하고 있어요. 지구 온난화가 제3세계에 미치는 영향에 대한 보고서에 따르면 사막화의 문제는 지역 분쟁의 원인이 되고 있다고 해요. 수단 남부의 다르푸르 지역에서 일어나고 있는 분쟁의 원인이 사실은 기후 변화로 인한 사막화 때문이라는 것이지요. 사막화에 따른 농지 변화는 유목민과 농부들 간의 이해관계에 금을 가게 만들었고, 결국 폭력적인 사태로 이어졌어요.

유엔은 기후 변화가 사막화를 가속화시키고, 오늘날 가장 거대한 환경적인 도전이 될 것으로 내다보고 있어요. 현재 사막화는 전 세계적인 문제이며, 약 1~2억에 이르는 인구의 삶을 위협한답니다. 만일 이대로 가면 약 5000만 명의 사람들이 10년 안에 살던 곳을 떠나 다른 곳으로 이주해야 될 거라고 해요. 토지의 과도

한 사용과 관개사업 등이 상황을 악화시키고 지구 온난화가 이러한 토양의 악화에 주요 원인이 됩니다. 사막화로 인해 터전을 잃은 사람들은 자연 자원 개발에 문제를 일으키고, 이는 이웃 사회에 위협이 되어 국제적인 불안정으로 이어지니까요. 말하자면 사막화는 일종의 연쇄 반응이며, 사회적인 혼란을 일으키는 원인으로 작용하게 되는 거지요. 특히 사하라 이남 지역과 중앙아시아 지역의 사막화는 심각한 지경에 이르렀어요. 사하라 이남 지역에서는 많은 인구가 북부 아프리카나 유럽으로 이주하고 있으며 중앙아시아의 구소련 공화국 지역에서도 마찬가지로 사막화가 문제가 되고 있어요.

유엔은 문제 해결 방안으로 새로운 농업 활동을 제시했지요. 사막의 확대를 막기 위해 건조 지역에서 식수를 통해 토양을 변화시키고 대기 중의 탄소를 제거하는 방법이죠. 건조 지역의 경우 전통적인 관개시설에 의존하는 작물농업이나 목축업 대신 천연자원에 압력을 주지 않는 좀 더 혁신적인 방안을 찾고 있어요. 생태계를 이용하거나 태양열을 이용한 방법 등도 검토되고 있어요.

기후 변화와 불평등, 그리고 테러리즘

기후 변화로 인한 분쟁과 폭력은 사실 어제 오늘의 일이 아니에요. **지구촌의 물 부족 현상**이 가장 큰 문제지요. 아프리카와 서아시아, 중국 서북부와 인도 서남부, 파키스탄과 멕시코, 미

국과 남미의 서해안 지역은 특히 심각하며, 나일강, 요단강, 인더스강처럼 강이 두 나라 이상의 영토에 걸쳐 흐르는 경우 원유 값만큼이나 상승한 물값 때문에 전쟁이 일어날 가능성이 높아지고 있답니다. 2005년에 허리케인 카트리나가 미국 남서부를 강타했을 때도 그러한 폭력적인 행동이 나타났어요. 총격전과 폭력 사태가 벌어지고 상점을 약탈하는 일도 있었지요.

허리케인 카트리나를 통해 우리는 기후 변화가 가져오는 재앙에 대해 교훈을 얻을 수 있어요. 재난이 닥치면 가난하고 어려운 사람들이 가장 큰 고통을 받는다는 거예요. 허리케인이 다가오자 대다수의 부유층 사람

들은 대피할 수 있었지만 가난한 사람들은 파괴된 도시에 그대로 남을 수밖에 없었어요. 도시의 빈곤 지수와 재난의 파괴도는 유사한 상관관계를 이룬다는 사실도 입증되었답니다.

재난은 생활과 생존의 기회의 불평등을 보여 줘요. 자연을 가장 많이 오염시킨 사람들은 오히려 그 고통을 덜 받고, 자연을 가장 덜 오염시킨 사람들이야말로 가장 큰 고통을 받고 있으니까요. 기후 변화의 피해가 사회에 영향을 미쳐 폭력성을 증대시키고, 난민 및 이민을 증가시키며 늘어난 난민이 또다시 더욱 큰 폭력성을 낳는 악순환이 생기는 거지요. 반면에 잘사는 나라들은 이에 대한 안보 의식을 더욱

다르푸르의 비극

다르푸르 사태는 2003년 2월부터 2010년까지 아프리카 수단의 다르푸르 지역에서 발생한 인종과 종족 간에 종교 문제 및 경제 문제가 얽혀 발생한 분쟁이다. 2003년 다르푸르 지역에 대해 수단 정부가 아랍화 정책을 펼치자 비아랍인들이 반기를 들고 정부군과 민병대를 상대로 투쟁을 시작해 유혈 사태가 벌어졌다. 수단 정부의 아랍화 정책으로 인한 차별을 견디다 못한 다르푸르 지역의 아프리카계 푸르 족들은 수단 해방군(SLA)과 정의평등운동(JEM) 등 무장투쟁 단체를 만들어 전투에 들어갔다. 수단 정부는 반군에 대한 대응으로 아랍 민병대 잔자위드를 지원하여 다르푸르를 공격했으며, 잔자위드는 정부의 지원 아래 온갖 만행을 저질렀다. 종교 외에도 다르푸르 분쟁의 원인은 가뭄, 사막화, 인구 폭발이 맞물려 있었다. 잔자위드는 대부분 낙타로 이동하는 유목민인 바가라족으로 구성되어 있었다. 바가라족 유목민은 물을 찾아 가축을 더 남쪽으로 이동시켰는데, 이곳은 주로 비아랍계 농경사회였기 때문에 충돌은 피할 수 없었다. 유엔은 2003년부터 2006년까지 최소 40만 명 정도가 숨지고 250만 명 이상이 난민 생활을 하고 있는 것으로 추정했다.

강화시키고 폭력을 바탕으로 한 안보 수단의 강도를 더 늘리게 됩니다. 이러한 불평등은 테러주의에 정당성을 부여하며 자살 폭탄이나 그 밖의 다른 형태의 테러리즘으로 나타나기도 해요.

 과거의 분쟁과는 달리 기후 변화로 인해 발생하는 폭력은 예측할 수도 없고 매우 극단적인 형태로 나타나지요. 기후 변화가 가져온 일련의 일들에 대해 사람들의 의식도 바뀌어 가고 있어요. 환경에 대한 의식이 바뀌면서 환경 조건에 적응하는 모습을 보여 주고 있어요. 기후 문제를 걱정하긴 하지만 내 일이 아니라는 듯 막연하고 생각하는 사람도 있고, 심지어 기회로 여기는 사람도 있지요. 중요한 것은 기후 변화에 대해 개인적으로 대응할 뿐 그 원인을 바꾸려는 노력에 소홀하다는 것입니다.

 갈수록 심각해지는 **기후 변화와 이로 인해 발생하는 폭력은 21세기가 전쟁으로 얼룩졌던 20세기보다 더욱 강한 폭력성의 시대가 될 수도 있다는 우려를 낳고 있어요.** 다르푸르 사태를 보더라도 최소 40만 명이 넘게 죽었지요. 현재 환경 변화와 생존 경쟁으로 인한 폭력 때문에 고향을 등진 환경 난민의 숫자는 2억 5천만 명이 넘어요. 이런 식으로 가면, 2050년에는 난민의 숫자가 그 10배에 달할 것으로 내다보고 있답니다. 그렇게 되면 지금까지의 국제 관계가 무너지고 선진 산업국들 또한 이 변화의 영향에서 피해 갈 수 없을 것이라고 해요.

난민을 막기 위한 선진국의 안보 강화

오늘날 지구촌은 나라와 나라 간의 국경 분쟁은 줄어든 반면 새로운 형태의 국제 지역 분쟁이 생겨났답니다. 바로 밀입국과의 전쟁이에요. 이러한 밀입국 현상은 근본적으로 어려운 경제 때문에 발생하지만 기후 문제 또한 무시할 수 없을 정도로 중요한 원인이 되고 있지요. 아프리카의 사막화 확대와 강수량 감소, 사라지는 숲, 그리고 대규모 댐 공사로 강제 이주를 당했거나 농사를 더 이상 지을 수 없게 된 사람들, 그리고 내전을 피해 도망치는 사람들이 밀입국자의 상당수를 차지하고 있어요. 이런 밀입국으로 문제가 되는 지역은 호주, 미국과 멕시코의 국경, 아프리카와 유럽 등인데, 선진국들은 이러한 변화에 벽을 높게 쌓는 방식으로 대응하고 있답니다.

미국의 경우는 2006년 멕시코와의 국경에 전체 국경선의 33퍼센트에 해당하는 엄청난 길이의 최첨단 철조망을 설치했어요. 이 철조망 때문에 국경에서 1954명이 국경을 넘다가 사망했을 거라고 해요.

유럽 연합은 아프리카에서 넘어오는 밀입국자들을 막기 위해 2005년 생긴 유럽 연합 회원국들의 역외 국경 작전 협력을 위한 관리처를 만들었어요. 프론텍스라는 이름의 이 최첨단 기관의 난민 방어 방식은 지금까지 해 왔던 것과는 차원이 다르지요. 프론텍스는 비행기 20대, 헬기 30대, 100척 이상의 배를 보유하고 있으며, 국경선에서 난민을 막지 않고, 유럽 근처의 지중해를 끼고 있는 아프리카 국가들과 협조해서 난민을 방어한답니다. 2006년에만 무려 3000여 명에 달하는 익사자를 낼 정도로 강력한 방어책을 펼치고 있다고 해요.

기후 변화가 자원 분쟁을 불렀다

　산업 혁명 이후 화석 연료의 사용과 쓰레기 양의 증가 등 인간 활동으로 인한 인위적인 원인들로 온실가스의 배출량이 늘어나며 온실 효과에 의해 전 세계가 기후 변화 위기에 빠지는 상황이 되었어요. 또한 지난 100년간 지구의 평균 온도가 0.74도 상승하는 지구 온난화로 북극의 빙하 면적이 빠르게 줄어들며 북극 자원을 둘러싼 분쟁이 치열해지고 있답니다. 북극 빙하의 해빙으로 드러난 대규모 지하자원을 두고 러시아, 캐나다, 미국, 덴마크, 노르웨이 등이 서로 영유권을 주장하고 있는 거죠.

　미국 지질조사국에 따르면 북극 지역에는 전 세계 석유 매장량의 13퍼센트 정도의 석유가 매장돼 있다고 해요. 게다가 메테인 가스며 니켈, 철광석, 구리, 우라늄, 다이아몬드 등의 자원도 풍부하다고 합니다. 또한 북극의 빙하가 녹으면서 새로운 뱃길이 열렸어요. 이 북극 항로는 유럽에서 아시아로 가는 가장 지름길이 되는 항로여서 경제적 가치가 주목되고 있지요. 과거에는 수지 타산 등의 여러 가지 이유로 개발이 어려웠지만 기술과 경제력을 갖추게 됨으로써 분쟁이 점점 심화되고 있어요.

수자원 분쟁도 기후 변화에 따른 자원 분쟁의 하나랍니다. 지구의 평균 기온이 상승하면서 전 세계의 강수 패턴에 변화가 생겨, 저위도에 해당하는 아열대 지역에서는 급격히 많은 수증기가 증발하면서 가뭄이 자주 발생하고 고위도 지역은 반대로 비가 너무 많이 내려 문제가 돼요.

미국의 남서부 지역과 페루 연안, 중동 지역 등이 기후 변화로 인한 수자원 분쟁을 겪고 있는 대표적인 나라예요. 가뭄과 산림 파괴의 영향으로 가속화되는 사막화 현상은 수자원 부족의 문제를 더욱 가속화시켜요. 특히 중동 지역은 수자원 스트레스가 가장 심해질 것으로 보이는데, 물 부족 문제를 겪는 16개국 중 13개국이 중동에 있을 정도예요. 앞으로 기후 변화로 인한 수자원 분쟁은 더욱 심화될 전망이에요.

Chapter 6

기후 변화에 따른 대응과 미래의 약속

국제 사회가 힘을 모으다, 기후 변화 협약

인류의 활동이 기후 변화를 불러 지구의 위기를 초래했다면 또한 인류만이 지구를 구할 유일한 희망이기도 해요. 지금은 기후 변화를 극복하기 위한 대응 전략에 우리 모두가 관심을 갖고 움직여야 할 때이지요. 국제 사회가 기후 변화에 대처하기 위해 지금까지 어떤 노력을 펼쳐 왔는지 알아볼까요.

  1992년 브라질 리우데자네이루에서 채택된 기후 변화 협약은 지구 온난화와 관련된 본격적인 국제적 협약의 시초라고 볼 수 있답니다. 리우 환경 협약이라고도 하는데, 정식 명칭은 '기후 변화에 관한 유엔 기본 협약'으로 지구 온난화 방지를 위해 모든 온실가스의 인위적 방출을 규제하는 게 목적이지요. 지구 온난화를 일으키는 온실가스에는 이산화탄소, 메테인, 이산화질소 등 여러 가지 물질이 있는데, 이 중에서 주로 이산화탄소 배출량의 규제에 초점을 맞추고 있어요. 이산화탄소가 인위적 요인에 의해 배출량이 가장 많은 물질이기 때문이지요. 우리나라는 기후 변화 협약에 1993년 12월 47번째로 가입했어요.

  기후 변화 협약은 온실가스 배출의 역사적 책임에 근거하여 공동의 차별화된 책임 및 능력을 바탕으로 한 감축 의무 부담을 원칙으로 하고 있지요. 이 원칙에 따라 협약 당사국을 부속서 Ⅰ 국가군, 부속서 Ⅱ 국가군, 비부속서 Ⅰ

국가군으로 구분하여 각기 차별화된 의무 부담을 하고 있답니다. 협약의 주요 내용은 협약 당사국의 의무 사항, 재정 지원, 기술 이전, 조직 등으로 되어 있어요. 의무 사항은 협약 당사국 모두에게 공통으로 적용되는 일반 의무 사항과 부속서 I, II 국가군에 해당되는 선진국에만 적용되는 특별 의무 사항으로 구분되지요. 일반 의무 사항을 보면 모든 협약 당사국들은 온실가스 배출량 감축을 위한 국가 전략을 자체적으로 수립, 시행하고 공개해야 하며, 온실가스 배출량 및 제거에 관한 국가 보고서를 당사국 총회에 제출하도록 돼 있어요.

특별 의무 사항의 경우, 부속서 I 국가는 협약 당시 경제협력개발기구(OECD) 국가와 유럽과 동구권 국가이며, 온실가스 배출을 2000년까지 1990년 수준으로 감축하기로 했어요. 부속서 II 국가는 동구권 국가를 제외한 OECD 선진국으로 개발 도상국에 협약 이행을 위한 재정 및 기술적 지원을 제공하도록 했고요. 우리나라는 비부속서 I 국가로 분류되어 직접적인 의무는 없었어요.

기후 변화 협약 자체는 어떤 강제성이나 법적인 구속력은 지니고 있지 않아요. 대신 협약의 최고 의결기구인 당사국 총회(COP, Conference Of Parties)에서 채택된 의정서를 통해 구체적인 온실가스 감축 의무를 규정하고 있어요. 1997년 교토에서 열린 제3차 당사국 총회에서 채택된 교토의정서는 법적 구속력이 있는 온실가스 배출량 삭감 수치 목표를 선진국 사이에서 최초로 약속했으며, 배출권 거래 제도와 공동 이행 제도, 청정 개발 제도 등 시장 원리를 적용한 온실가스 감축 국제 제도를 도입했다는 점에서 큰 의의가 있지요.

온실가스를 줄이자, 교토 의정서

교토 의정서는 온실가스의 실질적인 감축을 위해 과거 산업 혁명을 통해 온실가스 배출의 역사적인 책임이 있는 미국, 일본, 유럽 연합 등 37개국의 선진국을 대상으로 제1차 공약 기간인 2008년부터 2012년 동안 1990년도 배출량 대비 평균 5.2퍼센트의 온실가스 감축을 의무적으로 규정하고 있어요.

지구 온난화를 유도하는 온실가스는 이산화탄소, 메테인, 아산화질소, 과불화탄소, 수소불화탄소, 불화유황 등 6가지로, 이 온실가스의 배출량을 감축해야 하며, 배출량을 줄이지 않는 국가에 대해서는 비관세 장벽을 적용하게 돼요. 즉, 관세 이외의 방법으로 수입을 제한하는 정책을 펴서 불이익을 주는 거예요. 의무 이행 당사국의 온실가스 감축 이행 시 신축성을 허용하기 위하여 배출권 거래, 공동 이행, 청정 개발 체제 등의 제도도 도입했답니다.

배출권 거래제는 온실 가스 감축 의무 국가가 의무 감축량을 초과하여 달성하였을 경우, 이 초과분을 다른 온실가스 감축 의무 국가와 거래할 수 있는 제도예요. 의무 감축량을 달성하지 못한 국가의 경우 부족분을 다른 국가로부터 구입하는 것이지요. 말하자면 온실가스 감축량을 마치 상품처럼 사고팔 수 있는, 보다 융통성 있는 온실가스 감축 제도입니다.

공동 이행 제도는 선진국들 사이에서 온실가스 감축 사업을 공동으로 수행하는 것을 인정하는 제도로, 한 국가가 다른 국가에 투자하여 감축한 온실가스 감축분을 투자국의 감축 실적으로 인정하는 제도랍니다.

청정 개발 체제는 선진국이 개발 도상국에 온실가스 감축 사업을 수행하여 달성한 실적을 선진국의 감축분으로 활용할 수 있도록 하는 제도예요. 이를 통해 선진국은 온실가스 감축량을 얻게 되고, 개발 도상국은 기술과 재정을 지원받음으로써 지속 가능한 개발을 확립하는 데 도움을 얻을 수 있게 되지요.

그런데 1997년에 채택되어 2005년 2월 16일 공식적으로 효력이 발생한 교토 의정서는 여러 가지 문제점을 안고 있었어요. 당시 개발 도상국으로 분류된 중국과 인도에 대해서는 의무 감축량을 부과하지 않았다는 것이지요. 문제는 중국과 인도가 산업화를 겪으면서 각각 온실가스 배출량 1위와 3위를 차지한다는 점이에요. 더군다나 온실가스 배출 2위인 미국 또한 교토 의정서에 비준하지 않았어요. 미국에 부과된 엄격한 배출 조건이 인도나 중국에는 적용되지 않았다는 점에서 비준을 거부했지요. 미국은 이러한 차이 때문에 불공정 무역이 심화될 것이라고 주장하며, 교토 의정서에 비준하게 되면 미국 경제가 악화되어서 많은 국민들이 일자리를 잃게 될 것이라고 주장했지요. 또 국가 전체가 해외 에너지 공급자에 휘둘릴 것으로 확신했어요.

캐나다는 2011년 말 교토 의정서 탈퇴를 선언했고, 러시아, 일본도

2012년 이후 온실가스 배출 억제 의무에 동참하지 않겠다고 선언했어요. 2012년 12월 카타르 도하에서 열린 제18차 당사국 총회에서는 2012년 12월에 끝나는 교토 의정서의 공약기간을 2020년까지로 8년 더 연장하는 데 합의했지만 중국, 인도, 미국, 일본, 러시아, 캐나다 등 주요 온실가스 배출 국가들이 의무 감축에 불참하기로 결정하면서 그 의미가 크게 위축되었습니다.

도하 총회에서는 195개 국가가 2020년까지 1990년 대비 25~40퍼센트의 온실가스를 감축하기로 결정했지요. 주요 온실가스 배출 국가들이 빠지는 바람에 의무 감축국으로 참여하는 국가들을 다 합해도 전체 온실가스 배출량의 15퍼센트만 규제하는 것이라고 해요.

북극곰의 눈물은 우리 인류의 눈물

　오랫동안 먹지 못해 비쩍 마른 몸을 지탱하기도 힘겨운 듯 작은 얼음덩이 위에 엉거주춤 서 있는 북극곰의 모습이 영상으로 소개된 적이 있지요. 보기만 해도 안타깝고 눈물이 날 것 같아요. 또 내셔널지오그래픽이 주최한 환경 사진 공모전에서 수상한 사진 또한 눈도 얼음도 없는 흙바닥에 북극곰 한 마리만 덩그러니 앉아 있는 모습을 통해 북극이 처한 현실을 극명하게 보여 주고 있어 보는 이의 마음을 아프게 하지요. 이 모든 것이 우리의 잘못으로 지구가 병들어 가고 있기 때문이에요.
　어른 남자 체중의 5배가 넘는 북극곰은 먹이사슬의 맨 위층에 속해요. 주로 바다표범과 물고기를 먹고 살지요. 11.5센티미터의 두꺼운 지방층과 크고 넓적한 발바닥은 북극에서 살기에 알맞아요. 또 뾰족한 코와 긴 목 등 수영과 사냥에 적합하게 신체가 발달했지요. 이런 북극곰의 지능은 종종 유인원과 비교될 만큼 높다고 해요. 지구 온난화로 인한 기후 변화로 해마다 북극곰들은 사라지고 있어요. 바다가 얼지 않기 때문에 북극곰이 사냥터로 나갈 수 없어 굶어 죽게 되는 상황이 발생하는 것이지요. 얼음이 적으면 바다에서 사냥을 할 때 오랜 수영에 지치게 된다고 해요. 반복적인 이러한 생활이 북극곰의 영양 상태를 망가지게 하는 요인이 되지요. 북극곰의 주 서식지인 보퍼트 해역의 북극곰 개체 수는 2004년 1600마리에서 2010년 900마리로 크게 줄었답니다. 전문가들은 전 세계 야생 북극곰의 수는 불과 2만여 마리에 불과할 것으로 추정하고 있지요.

최근 북극에서는 20세기 들어 가장 강력한 온난화 징후가 관측되고 있어 이런 상황이라면 아마도 수년 내에 북극에서 얼음이 덮인 곳을 찾는 일이 그리 쉽지는 않을 것이라고 해요. 북극권의 최근 온도 상승률은 다른 지역의 두 배나 되는데, 온도가 올라간다는 것은 단순히 얼음이 녹는 것에 그치는 것이 아니라 북극의 환경이 본격적으로 파괴되고 있다는 알려 주는 신호랍니다. 온도가 오르면 얼음이 녹으면서 땅이 드러나게 되고, 그렇게 되면 햇볕을 더 많이 흡수해 얼음의 녹는 속도가 점점 더 빨라질 수밖에 없지요.

북극의 온난화는 지구의 평균보다 두 배 이상 빠른 속도로 관측되고 있어요. 이는 북극을 뒤덮은 얼음의 면적이 줄어들었기 때문이에요. 물이 태양열의 6퍼센트를 반사하는 데 반해 얼음은 일반적으로 태양열의 50~70퍼센트를 반사해요. 온난화로 얼음이 녹아 바다의 면적이 커지면서 더 많은 태양열을 흡수하고 이는 또 기온 상승으로 이어지는 악순환이 발생하지요. 인류가 이대로 북극의 온난화를 방치한다면 북극곰의 그 모습은 바로 수십 년 뒤 인류의 모습이 아닐까요. 국제 북극곰 보호 환경단체에서는 매년 2월 27일을 '국제 북극곰의 날'로 정하고 사람들에게 북극곰을 살리는 일에 참여해 주기를 호소하고 있어요. 2월 27일 북극곰의 날을 기념해 탄소 배출을 조금만 줄이거나, 연중 에너지 소비를 줄이기 위해 추가 조치를 취하는 것이지요. 우리의 작은 행동이 북극곰들을 살릴 수 있답니다.

모두가 동참하다, 파리 기후 변화 협약

파리 기후 변화 협약은 2015년 195개 선진국과 개발 도상국 모두가 온실가스 감축에 동참하기로 한 최초의 세계적 기후 합의예요.

2020년 만료되는 교토 의정서를 대체할 새로운 기후 체제이지요. 프랑스 파리에서 개최된 제 21차 유엔 기후 변화 협약 당사국 총회에서 세계 195개 참가국의 만장일치로 채택되었답니다.

1997년의 교토 의정서는 유럽 연합 등 37개 선진국에만 온실가스 감축 의무를 부과했었지요. 선진국 중에서도 온실가스 대량 배출국인 미국이 비준을 거부하고, 일본, 캐나다, 러시아, 뉴질랜드 등이 잇따라 탈퇴하거나 기간 연장에 불참하는 사태를 빚었어요.

　반면에 파리 기후 변화 협약은 선진국이 앞장서서 중요한 역할을 할 것을 강조하는 가운데, 모든 국가가 전 지구적인 기후 변화 대응에 참여한다는 선언을 했어요. 온실가스 배출국 1, 2위인 중국과 미국은 물론 전 세계 국가의 실질적 참여를 이끌어냈다는 데 큰 의미가 있답니다.

파리 기후 변화 협약은 산업화 이전 대비 지구 기온의 상승폭을 2100년까지 섭씨 2도보다 훨씬 낮게 유지하고, 더 나아가 온도 상승을 섭씨 1.5도 이하로 제한하기 위한 노력을 국제 사회 공동의 장기 목표로 삼고 있지요.

주요 내용은 온실가스를 좀 더 오랜 기간 배출해 온 선진국이 더 많은 책임을 지고 개발 도상국의 기후 변화 대처를 지원해 주며 2020년부터 개발 도상국의 기후 변화 대처 사업에 매년 최소 1000억 달러를 지원해 주기로 했어요. 그리고 2023년부터 5년마다 당사국이 탄소 감축 약속을 지키는지 검토하게 돼 있지요.

그런데 세계에너지기구가 추산한 바에 따르면 파리 기후 변화 협약의 이러한 목표를 이행하기 위해서는 2050년까지 매년 3조 5천억 달러의 예산이 필요하다고 해요. 그런데 미국의 탈퇴 등으로 인해 예산에 큰 공백이 생겨 위기를 맞고 있답니다.

교토 의정서가 각 가입국에 할당량을 준 하향식 방식을 사용하여 반발이 많았다면, 파리 기후 변화 협약은 각국이 온실가스 감축 목표를 스스로 정하는 상향식 체제로, 목표의 설정과 이행에 국제법적 구속력은 없어요. 또한 자발적으로 제출한 국가별 기여 방안의 감축 목표를 모두 달성한다고 가정해도 파리 기후 변화 협약에서 내세운 '섭씨 2도보다 훨씬 낮게'라는 목표에는 크게 못 미쳐요. 2030년까지 지구 전체의 온실가스 배출은 계속해서 증가하고, 지구의 평균 온도도 과학자들이 꼭 지켜야 한다며 마지노선으로 설정한 섭씨 2도 이상 상승할 것으로 예측하고 있거든요.

이 때문에 파리 기후 변화 협약에 대해 실효성이 없는 말잔치라는 등 비판적인 의견도 있답니다. 지금처럼 화석 연료가 가장 비용이 적게 드는 값싼 에너지인 한 소비를 멈출 수 없을 것이라는 거지요. 일부에서는 온실가스 배출에 세금을 도입해야만 온실가스를 줄일 수 있다고 주장하기도 해요.

신기후 체제와 4차 산업 혁명

인류의 삶에 혁명적 변화를 가져올 제4차 산업 혁명은 기후 변화에 어떤 영향을 미치게 될까요? 모든 사람의 관심이 모아지고 있는 부분이지요. 화석 연료로 움직여 온 2차 산업 혁명 사회에서 기후 변화는 감당하기 어려운 도전이에요. 하지만 재생 에너지가 각광받는 신기후 체제에서는 새로운 기회가 될 거라고 해요. 인간의 거의 모든 활동을 로봇과 인공지능이 대체할 수 있는 4차 산업 혁명 시대가 결코 유토피아가 될 수는 없지요. 일자리가 사라지고 양극화가 더욱 심화될 거라는 부정적인 면도 예측할 수 있으니까요.

그런데 4차 산업 혁명과 파리 기후 협약 이후 신기후 체제는 어떤 관련이 있을까요? 4차 산업 혁명의 핵심은 소프트웨어 중심 운영 서비스예요. 신기후 체제와 관련해 우리나라는 2030년까지 배출 전망치(BAU) 대비 37퍼센트의 온실가스 감축 목표를 제시했지요. 제너럴일렉트릭이나 지멘스 등 세계적인 에너지 기업은 발전, 항공, 제조업 등에서 데이터 압축, 에너지 절약 가시화, 설비 최적 운전 등 소프트웨어 중심 운영 서비스로 효율화를 꾀하고 있어요. 이러한 절감 체계를 구축함으로써 연간 5

퍼센트 이상의 에너지 비용이 절감된다고 해요.

세계 가스 발전소가 1퍼센트만 연료비를 절감해도 연간 30억 달러 규모의 에너지·탄소 절감 효과를 거둘 수 있답니다. 기후 변화 적응 분야에서도 기상 재난 유형을 예측하여 조기 경보에 활용할 수 있지요. 더불어 일사량, 강수량, 농작물 경작 현황 분석 등 농업을 비롯해 산림, 해양, 보건을 포함한 다양한 기후 변화 적응 영역에서 4차 산업 혁명 기술이 사용될 수 있다고 보고 있어요.

제4차 산업 혁명으로 모든 산업 영역에 걸쳐 디지털 인프라가 구축되고 사물 인터넷이 확산되면 데이터양이 폭발적으로 늘어나게 되지요. 당연히 그 데이터를 처리하고 보관하는 데이터센터도 확대될 수밖에 없으며 그만큼 전력 소비량도 증가해요. 2011년 기준 전 세계 데이터센터가 처리한 전력량은 6840억 킬로와트나 되며, 이는 서울에서 15년 동안 소비되는 전력량과 맞먹는답니다. 4차 산업 혁명에 따라 축적되는 데이터양과 그에 따른 전력 소비량은 지속적으로 증가할 거예요.

현재 대부분의 전기는 화석 연료인 석탄과 천연가스를 태워서 생산해요. 따라서 신기후 체제가 추구하는 '탄소 제로'의 경제 모델을 구현하기 위해서는 데이터센터를 운영하는 IT 기업이 에너지원을 탄소를 배출하지 않는 방법으로 전환해야 해요. 증가하는 전력 사용량을 신재생 에너지 등 탄소 배출이 없는 발전 방법을 통해 조달하지 않는 기업은 머지않은 미래에 탄소 배출 규제에 따라 경쟁력이 악화되겠지요. 페이스북, 애플, 구글 등 IT 기업들은 이미 자사 데이터센터를 100퍼센트 재생 가능한 신재생 에너지로 운영할 목표를 세우고 빠르게 사용 비율을 높이고 있어요.

 애플은 전 세계에 있는 데이터센터를 비롯해 자사 관련 시설에 사용하는 전력의 93퍼센트를 재생 가능 에너지로 공급하고 있다고 밝혔어요. 재생 에너지를 쓰면 탄소 배출 규제로부터 자유로울 뿐 아니라 전력 가격에 대한 예측이 가능해 화석 연료 때보다 안정적인 에너지 공급이 가능해지지요. 100퍼센트 재생 가능 에너지 사용을 약속한 글로벌 기업은 아마존

웹서비스, 마이크로소프트도 포함돼요.

  결국 기후 변화를 막는 방법은 곧 에너지 문제이며, 탄소를 배출하지 않고 에너지를 얻을 수 있다면 지구 온난화에 크게 기여하게 될 거예요.

산업 분야에서 기후 변화 속도 늦추기

세계 각국은 기후 변화로 인한 시나리오를 바탕으로 그에 적절한 적응 대책을 세워 관리하고 있어요. 특히 문제가 되는 산업 분야의 이산화탄소 감축은 많은 나라에서 정부와 산업 분야가 함께 만든 표준 '자발적 행동'을 통해서 추진되지요.

덴마크의 경우를 살펴보면, 오늘날 덴마크는 가장 모범적인 에너지 체제를 갖춘 나라로 꼽히고 있어요. 덴마크의 에너지 정책은 에너지 효율화와 풍력 발전을 필두로 한 재생 가능 에너지를 확대하는 것으로, 화석 연료 사용에 세금을 부과해 왔어요. 1980년대 말부터 기후 변화에 대한 시민들의 관심이 높아지면서 덴마크 정부는 1993년 이산화탄소세를 추가로 도입했어요. 에너지 효율을 높이고 저탄소 연료로 전환함으로써 온실가스인 이산화탄소의 배출을 줄이기 위해서지요.

1996년에는 국경을 넘는 장거리 이동 대기오염 물질 감축 조약에 따른 목표 달성을 위해 아황산가스세를 추가하여 에너지세와 탄소세, 아황산가스세로 구성된 현재의 에너지 세제를 갖추게 되었답니다. 부과 대상과 세율은 국내 산업의 국제 경쟁력이 저하되지 않도록 하고 있지요. 에너지세의 부과는 가정과 산업 부문에서 에너지의 효율적인 사용을 촉진하여 결과적으로 에너지의 소비를 줄이는 효과를 가져왔어요. 또한 경제 성장과 에너지 소비 증가의 정비례 관계를 깨뜨리는 데 일조했지요. 더불어 확보된 재원을 미래 에너지 체제를 위해 투자함으로써 에너지 효율화 관련 산업과 재생가능 에너지 산업도 발전하여 2008년 덴마크의 에너지 기술 관련 수출은 640억 크로네로 전체 수출의 11퍼센트를 차지하게 되었답니다.

그 밖에 스위스의 회사들은 자발적으로 이산화탄소 배출량 한도를 도입하고 회사 간의 배출 한도를 교환하며 교토 의정서 협약에서 유럽 연합의 책임을 다하고 있어요. 이러한 자발적인 배출량 한도에 도달하지 못하면 화석 연료 사용에 대한 세금이 적용된다고 해요.

교토 의정서에 비준하지 않은 미국은 산업에서 발생하는 온실가스를 줄이기 위해 자발적인 행동을 해 왔어요. 자발적 에너지별 표시 프로그램은 특히 가정에서 사용되는 가전제품을 구매할 때 에너지 절약 제품 구매를 장려하는 프로그램이라고 해요.

중국의 시멘트 생산은 세계 이산화탄소 배출량의 약 5퍼센트를 차지하

기후 변화에 대응하기 위한 녹색 생활

녹색 생활이란 일상생활 속에서 자원과 에너지를 현명하고 친환경적으로 이용하여 온실가스 배출을 줄이고 저탄소 녹색 사회를 구현하고자 하는 생활 습관을 말한다. 우리나라 온실가스의 43퍼센트가 가정, 상업, 교통 등의 비산업 부문에서 배출된다고 한다. 녹색 생활을 위해서 구체적인 행동을 찾아내 실천에 옮기는 것이 중요하다. 다음은 기후 변화에 대응하고 우리의 터전을 지키기 위해 한 사람 한 사람이 생활 속에서 실천해야 할 행동들이다.

- 가정에서는 전기, 가스, 물을 낭비하지 않고 저탄소 친환경 제품을 이용한다.
- 직장에서는 여름철 냉방 에너지 절감을 위해 반팔 옷을 입고 넥타이를 매지 않는 쿨맵시 캠페인, 계단 이용, 개인컵 쓰기, 화상회의 등으로 녹색 일터 만드는 데 동참한다.
- 교통수단 이용 시에는 걷기 – 자전거 타기 – 대중교통 이용 – 친환경 운전 순으로 이용한다.
- 학교에서도 자원과 에너지 낭비를 최소화하고 학생들에게 이러한 습관을 익히게 한다.

며, 세계 시멘트의 약 45퍼센트는 중국에서 생산되지요. 중국의 시멘트 생산기업 대표들은 최근에 배기가스의 배출을 감시하기 위해 '지속 가능한 시멘트 선언'을 탄생시켰어요.

반도체 산업은 이산화탄소를 배출하는 주요 산업이에요. 최근 일본의 반도체 산업 선도 기업들은 기후 변화를 완화하기 위해 보다 더 효율적인 전기 모터를 사용하고, 계량기에 사물 인터넷 기술을 접목하여 원격 검침으로 에너지를 절약하는 스마트 미터링 등을 검토하고 있다고 해요.

또한 전 세계의 산업 연구가들은 화석 연료 사용으로 배출되는 온실가스 15퍼센트 이상을 차지하는 발전소와 자동차에 의한 배기가스를 줄이기 위해 제지기업들의 묘목 심기와 휴대 전화 재활용, 열병합 발전소 건설을 촉구하고 있어요.

기후와 관련된 미래 직업들

2030년까지 전 세계에는 20억 개의 일자리가 사라지는 반면 새롭고 다양한 직업들이 생겨난다고 해요. 따라서 지금 당장이 아닌 미래를 내다보며 준비해야 하지요. 기후와 관련된 미래의 직업들은 어떤 것이 있을까 알아봐요.

- 날씨 조절 관리자 – 날씨 조절 관리자는 인공 강우 실험 등을 통해 기술을 실용화하고 환경 문제의 부작용을 최소화하는 방안을 연구해 급격한 기후 변화로 인한 피해를 줄이는 역할을 해요. 또한 기후 변화와 그 영향을 평가하고 적응 방안을 연구하며, 그 밖에 태풍, 허리케인 등의 기후 천재지변이 일어나는 원리와 강도를 약화시키는 방법도 연구하지요.
날씨 조절 관리자가 되려면 기상학, 대기과학, 대기역학, 대기물리학, 우주기상학 등을 전공해야 하며, 문제 해결을 위한 논리력과 분석력을 갖추어야 해요. 컴퓨터 운용 능력도 필요해요. 새로운 것을 탐구하고자 하는 호기심과 창의력을 가진 사람에게 적합하며 실험실에서 장기간 실험하고 분석하는 일이 많기 때문에 무엇보다 관찰력과 끈기가 필요하답니다.

- 환경병 컨설턴트 – 환경병에 대한 체계적이고 정확한 원인을 알아내는 직업이에요. 오염원의 발생을 원천적으로 막을 방안을 마련하는 일도 하지요. 환경병 혹은 환경오염으로 인한 질병에 대해 확인하는 일도 하고 정부나 기업에 그에 대한 피해 보상에 대해서도 관여하기도 해요. 환경병의 조짐을 사전에 알아내고 그 대책 마련을 위해 교육을 시키는 일도 한답니다. 환경병 컨설턴트가 되려면 환경공학, 화학공학, 환경학 등에 대해 공부하고 환경 문제 해결을 위한 사명 의식도 필요하지요.

- 탄소 배출권 거래중개인 – 탄소 배출권 거래시장에서 주식중개인처럼 탄소 배출권을 팔거나 사려고 하는 국가나 기업 간의 거래를 중개하는 일을 해요. 되도록 많은 판매자와 구매자의 정보를 확보하는 것이 중요하지요. 배출권 거래 가격에 대한 적정성 및 거래시 발생할 수 있는 사업 프로젝트의 위험성과 성공 여부, 법적인 문제와 정책적 문제를 분석해 최적의 가격과 거래 시점을 선택해 판매자와 구매자 모두가 만족할 수 있는 거래를 성사시키는 것이 관건이랍니다. 탄소 배출권 거래 중개인으로 활동하려면 기본적으로 기후 변화, 국제 탄소 시장, 현물 증권 시장, 선물 시장에 대한 지식을 갖춰야 해요. 탄소 배출권 시장이 기후 변화 및 에너지 산업과 밀접한 관련이 있으므로 환경공학, 에너지공학 등에 대해 전문적인 공부가 필요하겠지요.